2017年全国一级建造师执业资格考试

专业工程管理与实务

案例分析必备100例

（10大方向通用）

主　编：李向国

副主编：戚振强　李建华　贾世龙

主　审：彭兴强　许名标　胡　云　康拥政

群言出版社
QUNYAN PRESS
·北京·

图书在版编目（CIP）数据

专业工程管理与实务案例分析必备 100 例 / 李向国主编 .-- 北京 : 群言出版社 , 2017.5
ISBN 978-7-80256-473-2

Ⅰ . ①专… Ⅱ . ①李… Ⅲ . ①工程管理 – 资格考试 – 自学参考资料 Ⅳ . ① F40

中国版本图书馆 CIP 数据核字 (2017) 第 102393 号

责任编辑：王　聪
封面设计：逸品书装设计

出版发行：群言出版社
地　　址：北京市东城区东厂胡同北巷1号（100006）
网　　址：www.qypublish.com
自营网店：http://qycbs.shop.kongfz.com（孔夫子旧书网）
　　　　　http://www.qypublish.com（群言出版社官网）
电子信箱：qunyancbs@126.com
联系电话：010-65267783　65263836
经　　销：全国新华书店

印　　刷：北京鑫瑞兴印刷有限公司
版　　次：2017年6月第1版　2017年6月第1次印刷
开　　本：710mm × 1000mm　1/16
印　　张：14.5
字　　数：276千字
书　　号：ISBN 978-7-80256-473-2
定　　价：45.00元

目录

第一章　网络计划 …… 1

第一节　网络计划核心考点 …… 3

第二节　网络计划经典考题 …… 12

第二章　流水施工 …… 63

第一节　流水施工核心考点 …… 63

第二节　流水施工经典考题 …… 67

第三章　成本管理 …… 73

第一节　成本管理核心考点 …… 73

第二节　成本管理经典考题 …… 77

第四章　招标投标 …… 95

第一节　招标投标核心考点 …… 95

第二节　招标投标经典考题 …… 101

第五章　合同管理 …… 117

第一节　合同管理核心考点 …… 117

第二节　合同管理经典考题 …… 128

第六章　信息管理 …… 149

第七章　安全管理 …… 151

第一节　安全管理核心考点 …… 151
第二节　安全管理经典考题 …… 168
第八章　质量管理 …… 185
第九章　现场管理 …… 189
第一节　施工现场管理核心考点 …… 189
第二节　施工现场管理经典考题 …… 193
第十章　规范标准 …… 195
附:2017年全国一级建造师执业资格考试案例分析标答与模板 …… 201

第一章　网络计划

<table>
<tr><td rowspan="4">双代号网络</td><td>1. 某工作持续时间的计算
（1）持续时间＝工程量/（人工产量定额×班组人数×工作班制）。
（2）给出基本参数，求出工期（持续时间）。</td></tr>
<tr><td>2. 虚工作的补充</td></tr>
<tr><td>3. 关键线路的判断（即关键工作）（计划工期）的确定
（1）关键线路：从起点节点到终点节点为止，持续时间最长的线路。
（2）关键工作：处于关键线路上的工作。
（3）计划工期（计算工期）：关键线路上的持续时间之和。
说明：计划工期应小于等于合同工期。</td></tr>
<tr><td>4. 时间参数的计算与应用
重点掌握总时差、自由时差、最早开始时间的应用。
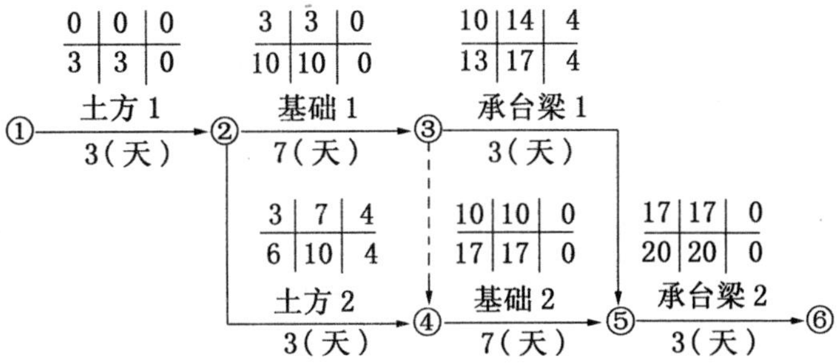

（1）总时差。
1）概念：某工作在不影响总工期的前提下所具有的机动时间。
2）计算：某工作的总时差＝ min（合同工期或计划工期－该工作所在线路的持续时间之和）＝$LS_{i-j}-ES_{i-j}=LF_{i-j}-EF_{i-j}$。
3）应用：工期索赔、是否影响计划工期。
说明：如某工作延误的工期超出了该工作的总时差，则超出部分会对计划工期有影响。
（2）自由时差。
1）概念：某工作在不影响其紧后工作最早开始的前提下所具有的机动时间。
2）计算：　$FF_{i-j}=TF_{i-j}-\min TF_{j-k}$ 或 $TF_{i-j}=FF_{i-j}+\min TF_{j-k}$</td></tr>
</table>

续　表

	3）应用：是否影响紧后工作按最早开始时间开始。例如，土方 2 工作延误了 5 天，对计划工期、基础 2 工作的最早开始有何影响？如基础 2 是约定好某日要进场的专业或劳务分包，现场应如何通知解决？ （3）最早开始时间。 如因某工作延误引起后续工作的人员窝工或机械闲置，可计算延误前后两个最早开始时间的差值，并对其的影响进行分析比较。 如：承台梁 1 工作延误了 4 天，对计划工期、承台梁 2 工作的最早开始有何影响？如延误 6 天，对计划工期、承台梁 2 工作的最早开始有影响吗？
	5. 最优赶工方案的制定 赶工原则： （1）在关键线路上赶（在赶工的过程中，允许其他线路成为关键线路，一旦是关键线路必须始终保持）。 （2）有赶工潜力的。 （3）赶工费用最小的。 （4）质量有保证。 赶工思路： （1）目标工期。 （2）目前工期。 （3）需赶工工期。 （4）赶工方案（赶工费最小，关键线路保持）。
	6. 实际工期的计算（竣工时点） 考虑现场实际进度的变化，寻找最后的实际最长线路—关键线路。
	7. 奖罚工期的判别（竣工时点） （1）实际工期与合同工期比较。 （2）超出工期与业主可顺延工期比较。 （3）判断奖罚：即超出工期小于可顺延工期为奖，反之为罚。
时标网络计划	1. 关键线路、时间参数、工期索赔
	2. 挣值法的应用（时标网络计划下结合前锋线的偏差分析） 三个费用值分别为： （1）已完成工作预算费用（BCWP）（挣得值）。 （2）计划完成工作预算费用（BCWS）（计划值）。

续　表

	（3）已完成工作实际费用（ACWP）（实际值）。 四个评价指标为： （1）费用偏差=已完工作预算费用—已完工作实际费用 结论：费用偏差为正值时，表示项目运行节支；费用偏差为负值时，表示项目运行超出预算费用。 （2）进度偏差=已完工作预算费用—计划工作预算费用 结论：进度偏差为正值时，表示进度提前；费用偏差为负值时，表示项目进度滞后。 （3）费用绩效指数=已完工作预算费用/已完工作实际费用 费用绩效指数大于1时，表示项目运行节支；费用绩效指数小于1时，表示项目运行超出预算费用。 （4）进度绩效指数=已完工作预算费用/计划工作预算费用 进度绩效指数大于1时，表示项目进度提前；进度绩效指数小于1时，表示项目进度滞后。

第一节　网络计划核心考点

根据我国《工程网络计划技术规程》（JGJ/T121—2015）推荐常用的工程网络计划类型有四种：①单代号网络计划。②单代号搭接网络计划。③双代号网络计划。④双代号时标网络计划。

考点一：网络计划的基本概念

1. 双代号网络计划基本概念

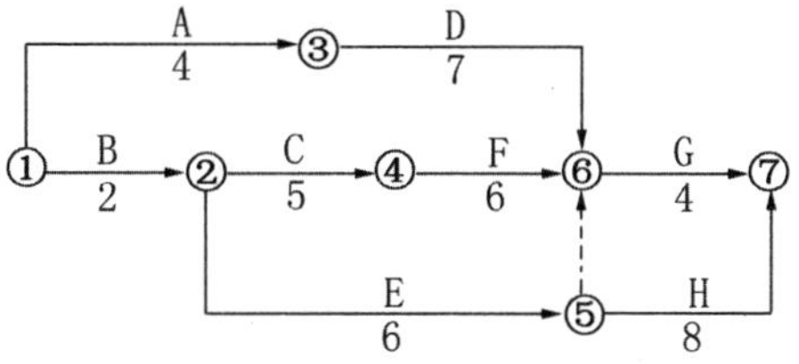

图1—1

由节点加箭线首尾顺次相连，组成的网状的图形称为网络图，图1—1带有持续时间称为网络计划，网络计划实质是进度计划，表示工作何时开始和何时结束。

(1) 节点

1) 起点节点。

2) 中间节点。

3) 终点节点；里面的数字表示节点的编号，节点规则：头大尾小。

(2) 箭线

1) 实箭线加两端节点表示实工作，箭线上表示工作名称（字母或文字），箭线下表示持续时间。

2) 虚箭线加两端节点表示虚工作，箭线上下或左右无内容，表示工作之间的紧前紧后的逻辑关系；具体作用：联系、区分、断路；表现形式：虚箭线或零线。

3) 工作之间关系：平行工作、紧前工作、紧后工作（注意虚线），紧前工作和紧后工作是相互的。

(3) 线路

从网络计划起点节点顺着箭头方向走到终点节点，所经过的路径叫线路。在各条线路中，有一条或几条线路的总持续时间最长叫关键线路，关键线路上的工作叫关键工作，关键线路上的节点叫关键节点。其他线路长度均小于关键线路叫非关键线路。

(4) 逻辑关系

1) 工艺关系：生产性工作之间由工艺过程决定的、非生产性工作之间由工作程序决定的先后顺序叫工艺关系。【顺序不可颠倒】

2) 组织关系：工作之间由于组织安排需要或资源（人力、材料、机械设备和资金等）调配需要而规定的先后顺序关系称为组织关系。【顺序可以颠倒】

3) 逻辑关系（先后顺序）：文字描述给出，表格给出，实物给出。

(5) 网络计划时间参数

1) 工作持续时间：D_{i-j}＝工程量/（人数×产量定额）。

2) 整体参数：计算工期 T_c，【计划工期 T_p，要求工期 T_r】。

3) 工作间参数：LAG_{i-j} 相邻两项工作之间的时间间隔，时标网络计划中波形线。

4) 工作时间参数：

ES_{i-j}	LS_{i-j}	TF_{i-j}
EF_{i-j}	LF_{i-j}	FF_{i-j}

①最早开始时间（ES_{i-j}）是指在各紧前工作全部完成后，工作 i－j 有可

能开始的最早时刻。

②最早完成时间（EF_{i-j}）是指在各紧前工作全部完成后，工作 i—j 有可能完成的最早时刻。

③最迟开始时间（LS_{i-j}）是指在不影响整个任务按期【T_p】完成的前提下，工作 i—j 必须开始的最迟时刻。

④最迟完成时间（LF_{i-j}）是指在不影响整个任务按期完成的前提下，工作 i—j 必须完成的最迟时刻。

⑤总时差（TF_{i-j}）是指在不影响总工期【T_p】的前提下，工作 i—j 可以利用的机动时间。

例如：某工作总时差 TF＝4 天，由于某事件发生造成实际进度延误 5 天，延误工期 5－4＝1 天。

例如：某工作总时差 TF＝4 天，由于某事件发生造成实际进度延误 3 天，延误 3 天未超出总时差 4 天，不延误工期。

⑥自由时差（FF_{i-j}）是指在不影响其紧后工作（看好一个紧后还是多个紧后）最早开始的前提下，工作 i—j 可以利用的机动时间。实质是不影响任何一项紧后工作开始时间。自由时差等于时间间隔的最小值。

2. 双代号时标网络计划基本概念

图 1－2 中，实箭线加节点表示实工作，虚箭线加节点表示虚工作，波形线表示自由时差【实质是相邻工作之间的时间间隔】。

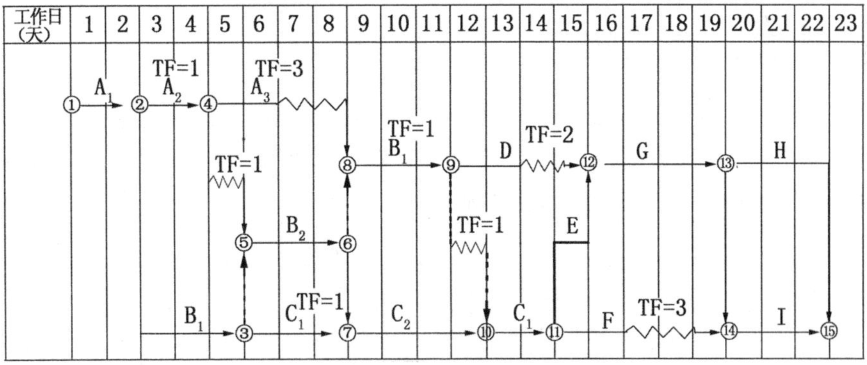

图 1－2

考点二：会计算【图上作业法】、【转化时标网络图法】

1. 双代号网络计划工作时间参数的计算【图上作业法】

第一步：从左向右计算最早开始时间（ES_{i-j}）和最早完成时间（EF_{i-j}），用加法，多个紧前取大。

第二步：从右向左计算最迟完成时间（LF_{i-j}）和最迟开始时间（LS_{i-j}），用减法，多个紧后取小。

第三步：计算总时差（$TF_{i-j}=LS_{i-j}-ES_{i-j}=LF_{i-j}-EF_{i-j}$）。

第四步：计算自由时差（$FF_{i-j}=\min\{ES_{j-k}\}-EF_{i-j}$）。

重要结论：关键工作有三对数字相等，进入关键节点的总时差和自由时差相等，总时差等于从本工作起点节点开始，顺着箭头方向到达终点节点，所经过的路径波形线之和最小值，此时总时差大于自由时差。

2. 双代号时标网络计划会看10个东西

计划工期，关键线路，关键工作，关键节点，自由时差，总时差，最早开始时间，最早完成时间，最迟开始时间和最迟完成时间。【1期，3关，6参】

3. 实务考试网络计划的要求

（1）关键线路的找法【转化时标网络图法】；

用工作名称加短（箭）线表示或用节点代号加短（箭）线表示。

（2）关键工作：用工作名称加“、”表示。

（3）计算工期：关键线路持续天数是计算工期。

（4）总时差的计算：关键工作的总时差＝0，非关键工作总时差【转化时标网络图法】。

（5）自由时间差的计算：关键工作的自由时差＝0，非关键工作的自由时差看波形线【转化时标网络图法】。

考点三：考试题型

题型一：确定关键线路、关键工作、计算工期【转化时标网络图法】

施工总承包单位进场后按合同要求提交了总进度计划，如图1－3所示（时间单位：天），并经过监理工程师审查和确认。

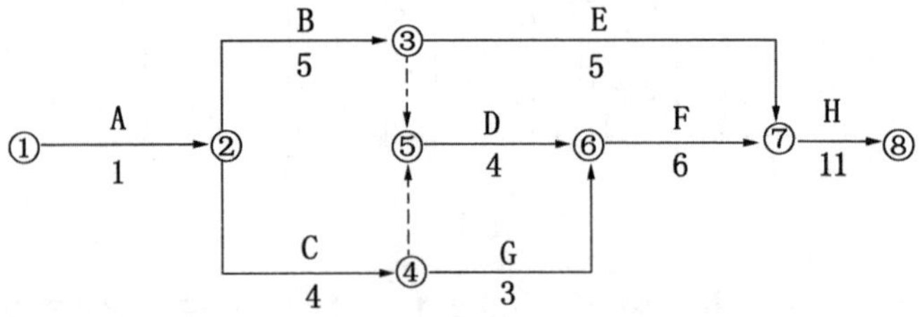

图1－3

问题：确定该网络计划的关键线路、关键工作、计算工期。

答案：

1. 该网络计划的关键线路为：A→B→D→F→H。

2. 该网络计划的关键工作为：A、B、D、F、H。

3. 该网络计划的计算工期＝（1＋5＋4＋6＋11）d＝27d。

题型二：工期索赔计算

责任、工作、赔偿方法如表 1—1 所示。

表 1—1

责任	工作	赔偿方法
施工方原因	关键工作	不给工期顺延
	非关键工作	
业主方原因	关键工作	延误天数就是工期顺延天数
	非关键工作	要看总时差，超过总时差的天数就是工期顺延天数
不可抗力原因（业主责任）	关键工作	延误天数就是工期顺延天数
	非关键工作	要看总时差，超过总时差的天数就是工期顺延天数

某建筑工程施工进度计划网络图如图 1—4 所示。

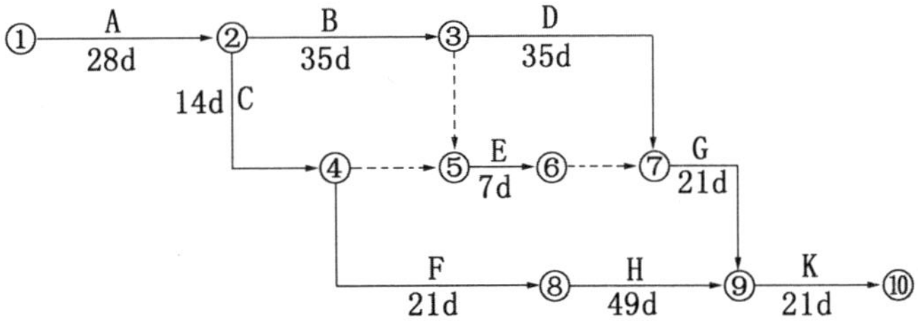

图 1—4

施工中发生了以下事件。

事件 1：A 工作因设计变更停工 10 天。

事件 2：B 工作因施工质量问题返工，延长工期 7 天。

事件 3：E 工作因建设单位供料延期，推迟 3 天施工。

问题：

1. 本工程计划总工期和实际总工期各为多少天？

2. 施工总承包单位可否就事件 1 至事件 3 获得工期索赔？分别说明理由。

答案：

1. 经计算得知：原计划关键线路为：A→B→D→G→K，本工程计划总工期＝（28＋35＋35＋21＋21）d＝140d；

经计算得知：实际关键线路为：A→B→D→G→K，本工程实际总工期＝（140＋10＋7）d＝157d。

2. 事件1可以获得工期索赔。理由：A工作因设计变更而停工，应由建设单位承担责任，且工作属于关键工作，因此可以获得工期索赔。

事件2不可以获得工期索赔。理由：B工作是因施工质量问题返工，应由施工总承包单位承担责任。

事件3不可以获得工期索赔。理由：E工作供料延期而推迟施工，虽然是建设单位应承担的责任，但E工作是非关键工作，总时差为28天，推迟3天未超过总时差28天，因此不可以获得工期索赔。

题型三：资源一定的条件下，方案优选

某工程，合同工期为23个月，网络计划如图1—5所示。

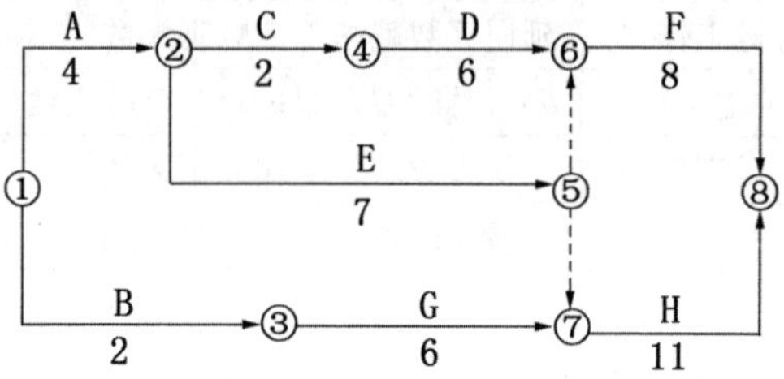

图 1—5

问题：如果工作C和工作G共用一台施工机械，且只能按顺序施工，该网络计划如何调整较为合理？

答案：先C后G，关键线路：A→C→G→H，计算工期＝4＋2＋6＋11＝23个月；

先G后C，关键线路：B→G→C→D→F，计算工期＝2＋6＋2＋6＋8＝24个月；

因此，应按先C后G的顺序调整较为合理，因为其工期较短。

题型四：实际进度前锋线检查工程进度

1. 绘制实际进度前锋线。

2. 进行实际进度与计划进度的比较。

3. 预测进度偏差对总工期的影响（考总时差）。

4. 预测进度偏差对后续工作的影响（考自由时差）。

某工程项目时标网络计划执行到第6周末检查实际进度时，发现工作A和B已经全部完成，工作D、E分别完成计划任务量的20%、50%，工作C尚需3周完成。

问题：试用实际进度前锋线法进行实际进度与计划进度的比较。

答案：

1. 根据背景，所要绘制的实际进度前锋线如图1—6所示。

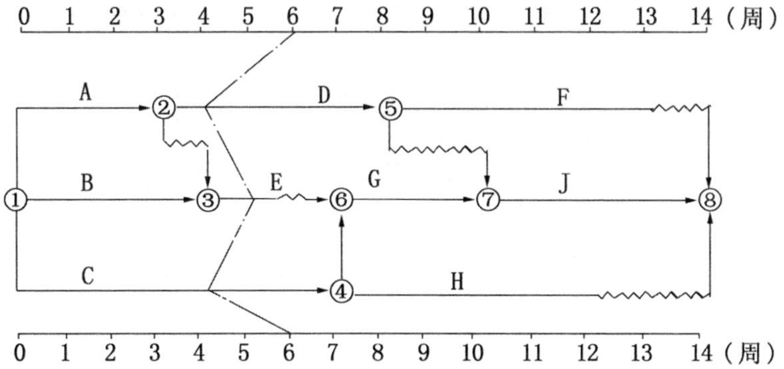

图 1—6

2. D 工作进度滞后 2 周，E 工作滞后 1 周，C 工作滞后 2 周。

3. D 工作进度滞后 2 周，拖延总工期 1 周，理由：因为 D 工作是非关键工作，总时差 1 周，延误 2 周超过总时差 1 周，因此 D 工作进度滞后 2 周拖延总工期 2—1=1 周；

E 工作滞后 1 周，不影响总工期，理由：因为 E 工作是非关键工作，总时差 1 周，延误 1 周未超过总时差 1 周，因此 E 工作进度滞后 1 周未拖延总工期；

C 工作滞后 2 周，拖延总工期 2 周，理由：因为 C 工作是关键工作，总时差 0 周，延误 2 周超过总时差 2 周，因此 C 工作进度滞后 2 周拖延总工期 2 周。

4. D 工作进度滞后 2 周，影响紧后工作 F 最早开始时间 2 周，不影响紧后工作 J 工作最早开始时间，理由：因为 D 工作是非关键工作，自由时差是 0 周，D 工作和 F 工作之间时间间隔是 0，D 工作和 J 工作之间时间间隔是 2；

E 工作滞后 1 周，不影响紧后工作 G 最早开始时间，理由：因为 E 工作是非关键工作，自由时差是 1 周，延误 1 周未超过自由时差 1 周；

C 工作滞后 2 周，影响紧后工作 G 和 H 最早开始时间 2 周，理由：因为 C 工作是关键工作，自由时差是 0 周，与其紧后工作 G 和 H 之间时间间隔均是 0。

题型五：网络图绘图

1. 某分部工程由 A、B、C、D、E、F、G、H 等八个分项工程组成，各分项工程之间的逻辑关系如表 1—4 所示。

表 1—4

	A	B	C	D	E	F	G	H	
紧前工作	—	A	A	B	BC	C	D	DE	
持续时间/d	2	3	2	3	2	4	2	5	

问题：根据逻辑关系绘制双代号网络计划，并确定关键线路及工期。

答案：

（1）根据逻辑关系绘制双代号网络图如图1—7所示。

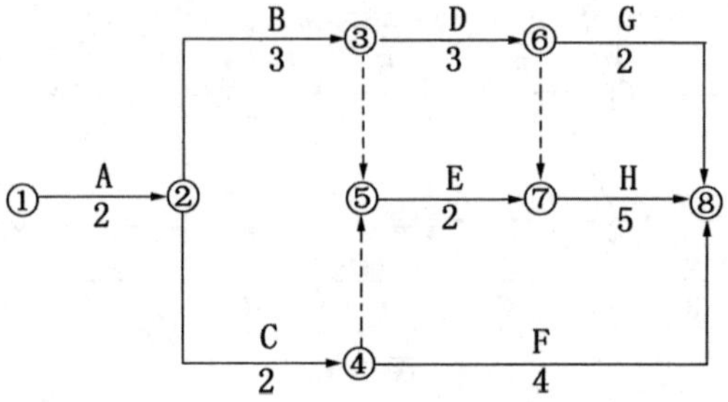

图 1—7

（2）所要确定的关键线路为：A→B→D→H；

所要确定的工期为：2＋3＋3＋5＝13天。

题型六：工期奖罚计算

某建设工程，建设单位根据GF—2013—0201示范文本与施工单位签订了施工承包合同。

合同约定：

（1）合同工期33个月。

（2）施工单位每提前1个月完成，奖励15万元，每延误1个月完成罚款15万元。

施工单位在开工前编制了施工计划进度如下（单位：月），得到监理工程师批准。

合同履行过程中，发生了如下事件：

由于不可抗力，造成F工作延长了2个月才完成施工作业。施工单位向建设单位提出了工期索赔要求。

问题：

1. 指出原网络计划关键线路，计划工期是否满足合同工期？

2. 针对事件，施工单位提出工期索赔是否成立？索赔工期是多少？

3. 实际工期是多少，相对原网络计划关键线路，实际关键线路是否改变了？

4. 施工单位受到的工期罚款是多少？

答案：

1. 原网络计划关键线路是①→③→⑥→⑦→⑧；计划工期＝33个月＝合同工期，满足要求，如图1—8所示。

2. 针对事件，施工单位提出的工期索赔成立；

理由：因为是不可抗力原因导致F工作延长了2个月，应由建设单位承担责任，但F工作为非关键工作，拖延2个月大于其总时差1个月，因此工期索赔成立，索赔工期2－1＝1（月）。

3. 绘制实际进度双代号网络图后经计算可知：

实际工期＝34个月；

实际关键线路是 ①→④→⑤→⑥→⑦→⑧；相对计划关键线路 ①→③→⑥→⑦→⑧已经改变。

4. 原合同工期＝33个月；

索赔后合同工期＝索赔工期＋原合同工期＝1＋33＝34（月）；

实际工期＝34个月；

因为实际工期＝索赔后合同工期＝34月；所以施工单位受到的工期罚款为0，奖励为0。

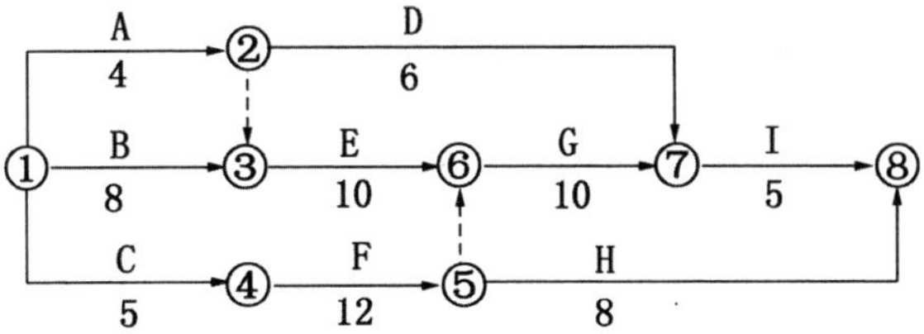

图1－8

题型七：工期优化计算

某工程，工作内容和工作参数如表1－3所示，网络计划如图1－9所示。

表1－3

工作内容 工作参数	基础工程A	构件安装B	屋面工程C	装修工程F	设备安装D	专业工程E	地面工程G	试运转H
工作最短持续时间	50天	35天	12天	25天	45天	20天	10天	10天
压缩1天增加费用	200元	200元	100元	150元	300元	200元	120元	420元

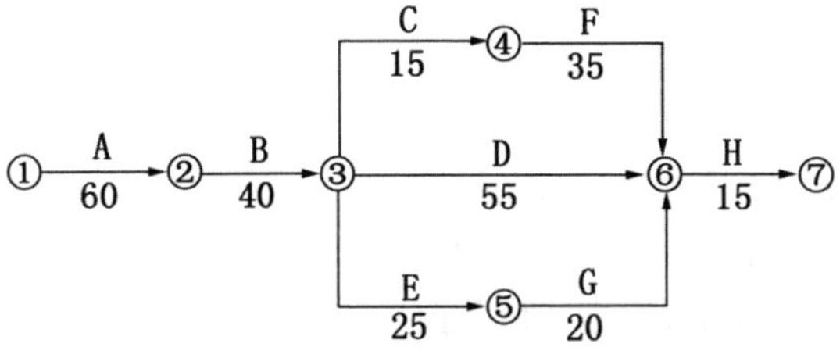

图1－9

在施工过程中，第 75 天下班时刻进度检查时，基础工程刚刚完成。

问题：如何调整原计划，既经济又能保证原计划工期？写出调整步骤。

答案：(1) 第 75 天下班时间进度检查时，基础工程刚刚完成，工期拖后 (75－60) d＝15d。

(2) 调整步骤：

1) 压缩②→③工作 5 天，工期缩短 5 天，增加费用最少：200×5＝1000 元；

2) 压缩③→⑥工作 5 天，工期缩短 5 天，增加费用最少：300×5＝1500 元；

3) 压缩③→⑥和③→④工作 3 天，工期缩短 3 天，增加费用最少：400×3＝1200 元；

4) 压缩⑥→⑦工作 2 天，工期缩短 2 天，增加费用最少：420×2＝840 元。

(3) 调整方案：压缩②→③工作 5 天，压缩③→⑥工作 8 天，③→④工作 3 天，压缩⑥→⑦工作 2 天，增加费用最少，1000＋1500＋1200＋840＝4540 元。

第二节 网络计划经典考题

案例一：绘制图形

某分部工程由 A、B、C、D、E、F、G、H 等八个分项工程组成，各分项工程之间的逻辑关系如表 1－4 所示。

表 1－4

	A	B	C	D	E	F	G	H
紧前工作	—	A	A	B	BC	C	D	DE
持续时间/d	2	3	2	3	2	4	2	5

问题：编制该分部工程的网络计划。

答案：【准则：独享共享瞄紧后】

根据父子关系的相对原理，由紧前工作确定紧后工作，如表 1－5 所示。

表 1—5

	A	B	C	D	E	F	G	H
紧前工作	—	A	A	B	BC	C	D	DE
紧后工作	BC	DE	EF	GH	H	—	—	—

考生注意如下画图分析：

（1）两点一箭线画出 A 工作。

（2）A 工作的紧后是 B、C 工作；在表 1—3 的紧后工作一行中，再找 B、C 工作；如果没有了，说明 A 工作独享 B 工作和 C 工作，也就是说画完 A 箭线，可直接生出 B、C 箭线。分部工程网络计划如图 1—10 所示。

（3）B 工作的紧后是 D、E 工作；在表 1—3 的紧后工作一行中，再找 D、E 工作；发现 D 工作没有了，但 E 工作还有，说明 B 工作独享 D 工作、共享 E 工作；此时，画完 B 箭线，只可直接生出 D 箭线，不能生出 E 箭线，B 箭线与 E 箭线需增设虚箭线。

这就是虚工作的作用之所在：虚工作表达的是紧前紧后工作之间的逻辑关系。

（4）C 工作的紧后是 E、F 工作；在表 1—3 的紧后工作一行中，再找 E、F 工作；发现 F 工作没有了，但 E 工作还有，说明 C 工作独享 F 工作、共享 E 工作；此时，画完 C 箭线，只可直接生出 F 箭线，不能生出 E 箭线，C 箭线与 E 箭线需增设虚箭线。B、C 工作共享 E 工作。

（5）同理，D 工作独享 G 工作、共享 H 工作；画完 D 箭线，只可直接生出 G 箭线，不能生出 H 箭线，D 箭线与 H 箭线需增设虚箭线。

（6）E 工作独享 H 工作，画完 E 箭线，可直接生出 H 箭线。

（7）G、H、F 三项工作都没有紧后工作了，闭合后进入终点节点。

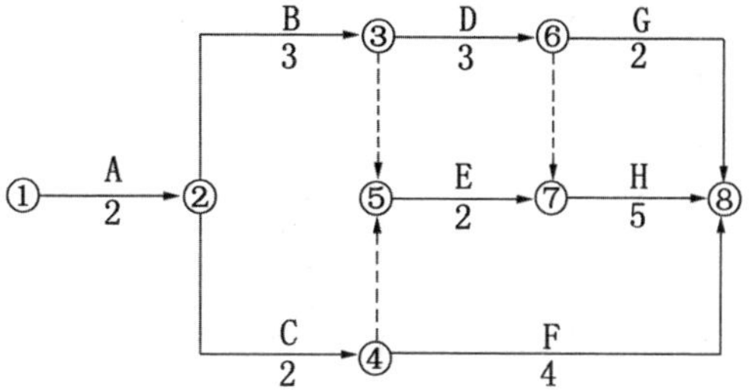

图 1—10

案例二：方案优选

某工程，合同工期为 23 个月，网络计划如图 1—11 所示。

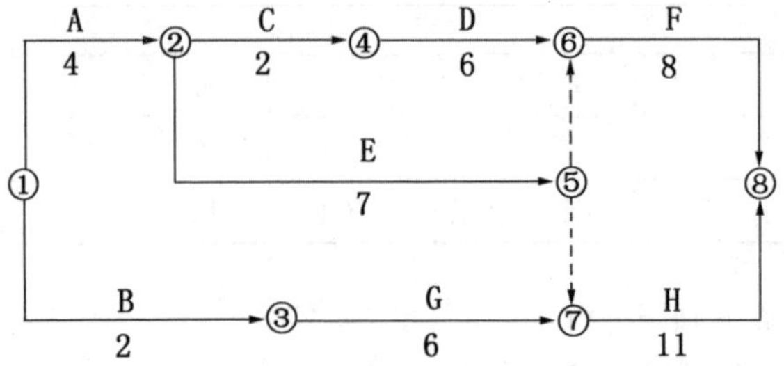

图 1—11

问题：如果工作 C 和工作 G 共用一台施工机械，且只能按顺序施工，该网络计划如何调整较为合理？

答案：【准则：一虚二零选方案】

(1) 先 C 后 G，关键线路 A—C—G—H，$T_C'=4+2+6+11=23$ 个月。（4.0 分）

(2) 先 G 后 C，关键线路 B—G—C—D—F　$T_C''=2+6+2+6+8=24$ 个月。（4.0 分）

应按先 C 后 G 的顺序调整，因其工期较短。（2.0 分）

案例三：进度检查

某工程，合同工期为 20 个月，网络计划如图 1—12 所示。

当工程进行到第 7 个月末时，进度检查绘出的实际进度前锋线如图 1—13所示。

工程进行到第 12 个月末时，进度检查发现：(1) H 工作刚刚开始；(2) I 工作只完成了一个月的任务量；(3) J 工作和 G 工作均刚刚完成。

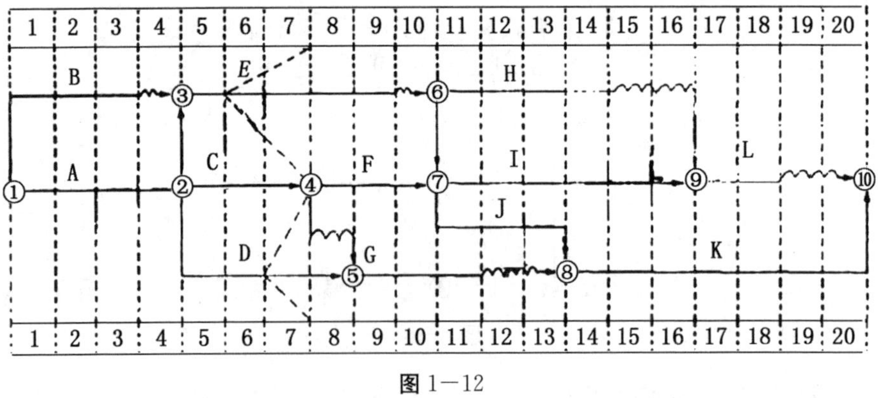

图 1—12

问题：

1. 为了保证本工程的工期，重点控制哪些工作？

2. 根据 7 月末检查结果，分析 E、C、D 工作进度情况，并分析其对紧后工作的影响，说明理由。

3. 绘制第 12 个月末的实际进度前锋线。如果后续工作持续时间按计划进度，预计工期为多少个月？说明原因。

答案：【准则：定点连线三分析】

1. 重点控制 A、C、F、J、K 工作。（2.5 分）

2. 分析 E、C、D 工作：

（1）E 工作

进度拖后 2 个月；（0.5 分）

影响紧后工作 H、I、J 的最早开始时间 1 个月；（1.5 分）

因 FF_E=1 个月，2－1=1 个月。（1.0 分）

（2）C 工作

实际进度与计划进度一致；（0.5 分）

不影响以后工作 F、G 的最早开始时间，因无进度偏差。（1.5 分）

（3）D 工作

进度拖后 1 个月；（0.5 分）

影响紧后工作 G 的最早开始时间 1 个月，因 FF_D=0。（1.5 分）

3.（1）实际进度前锋线如图 1－13 所示。（4.5 分）

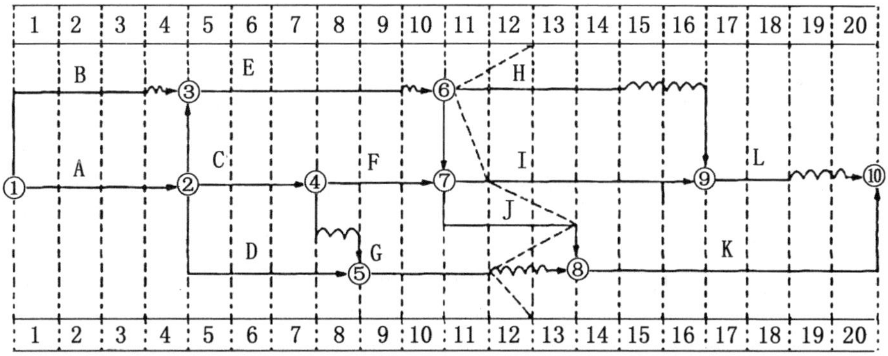

图 1－13

（2）19 个月。（2.0 分）

因 J 工作为关键工作，J 工作超前 1 个月，导致 K 工作提前 1 个月开始（1.5 分）；同时，其平行工作 H 尚有总时差 1 个月（1.0 分），平行工作 L 尚有总时差 1 个月（1.0 分），均不影响工期提前 1 个月（0.5 分）。

案例四：工期优化

某工程，网络计划如图 1－14 所示。

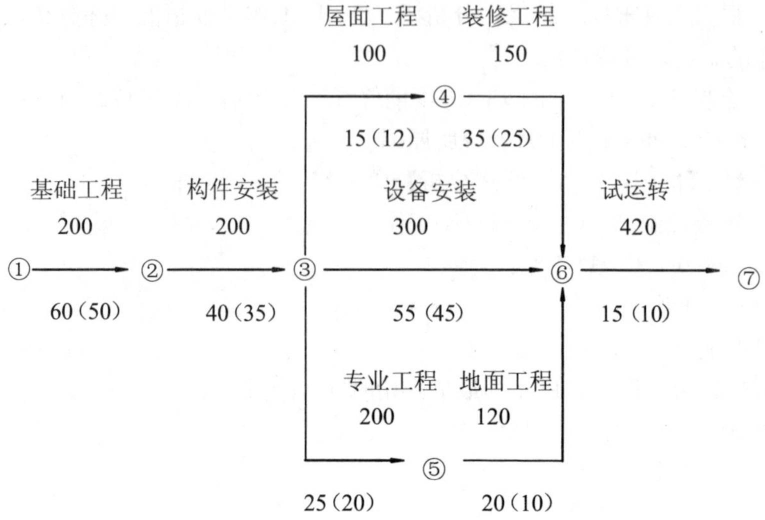

图 1－14

在施工过程中，第 75 天下班时刻进度检查时，基础工程刚刚完成。

问题：如何调整原计划，既经济又能保证原计划工期？写出调整步骤。

答案：【准则：压缩、工期、增费少】

（1）第 75 天检查时，基础工程刚刚完成，工期拖后 75－60＝15 天。

（1.0 分）

（2）调整步骤：

①压缩②－③工作 5 天，工期缩短 5 天，增加费用最少 200×5＝1000 元

（1.5 分）

②压缩③－⑥工作 5 天，工期缩短 5 天，增加费用最少 300×5＝1500 元

（1.5 分）

③同压③－⑥和③－④3 天，工期缩短 3 天，增加费用最少 400×3＝1200 元

（2.0 分）

④压缩⑥－⑦工作 2 天，工期缩短 2 天，增加费用最少 420×2＝840 元

（1.5 分）

（3）调整方案：压缩②－③工作 5 天、③－⑥工作 8 天、③－④工作 3 天、⑥－⑦工作 2 天；增加费用 1000＋1500＋1200＋840＝4540 元，为最少费用。

（2.0 分）

案例五：网络索赔

甲、乙双方订立了某建设工程的施工合同，同时甲方与某降水公司订立

了工程降水合同。施工合同约定：采用单价合同，每一分项工程的实际工程量增加（或减少）超过施工合同中约定工程量的 10%以上时，调整单价；8 月 15 日开工；工作 B、E、G 的作业使用同一台施工机械，台班费为 600 元/台班，其中台班折旧费为 360 元/台班；工作 F、H 的作业使用同一台施工机械，台班费为 400 元/台班，其中台班折旧费为 240 元/台班。

施工网络计划如图 1—15 所示（单位：天）。

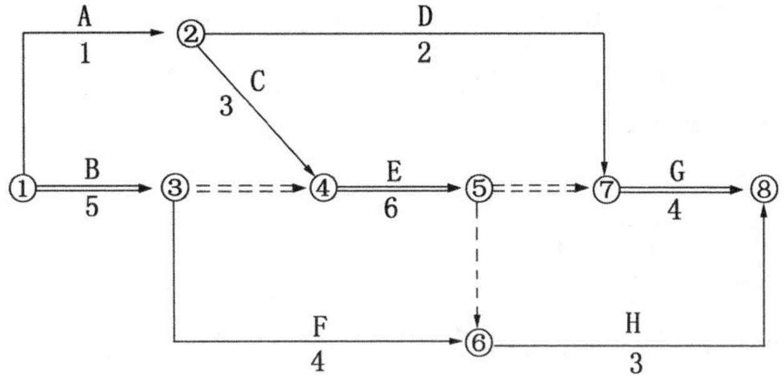

图 1—15

工程如期开工，施工中发生如下事件。

事件 1：降水方案错误，导致工作 D 推迟 2 天，乙方人员配合用工 5 个工日，窝工 6 个工日。

事件 2：8 月 23 日至 8 月 24 日，因供电中断停工 2 天，造成全场停工，人员窝工 36 个工日。

事件 3：因设计变更，工作 E 工程量由合同文件中的 $300m^3$ 增至 $350m^3$，超过了 10%；合同中该工作的全费用单价为 110 元/m^3，经协商调整后全费用单价为 100 元/m^3。

事件 4：为保证施工质量，乙方在施工中将工作 B 原设计尺寸扩大，增加工程量 $15m^3$，该工作全费用单价为 128 元/m^3。

事件 5：在工作 D、E 均完成后，甲方指令增加一项临时工作 K，且应在工作 G 开始前完成，与工作 G 使用同一台机械。经核准，完成工作 K 需要 1 天时间，消耗人工 10 个工日、机械 1 台班、材料费 2200 元。

问题：

1. 上述事件发生后，乙方均及时提出了索赔要求，请指出索赔是否成立？说明原因。

2. 上述事件工期索赔各是多少？总工期索赔为多少天？

3. 工作 E 结算价应为多少？

4. 假设人工工日单价为 240 元/工日，合同规定：窝工人工费补偿按 100 元/工日计算；只有增加用工才能取综合税费，费率为人工费的 60%（事件五除外）；事件五的综合税费为人工、材料、机械费的25%。试计算除事件3外合理的费用索赔总额。

答案：【准则：三件、三费、三工期】

1.（本小题11.0分）

事件1：费用索赔成立，因降水方案错误是甲方应承担的责任事件；（1.0分）

工期索赔不成立，因 $TF_D=8$ 天，停工2天未超出其总时差。（2.5分）

事件2：费用索赔和工期索赔均成立，因供电中断停工2天是甲方应承担的责任事件，并且造成全场停工。（1.5分）

事件3：费用索赔和工期索赔均成立，因设计变更是甲方应承担的责任事件，并且E工作为关键工作。（2.0分）

事件4：费用索赔和工期索赔均不成立，因保证施工质量的各类措施均已包含在合同价内，这是乙方应承担的责任事件。（1.5分）

事件5：费用索赔和工期索赔均成立，因甲方指令增加一项临时工作是甲方应承担的责任事件，并且K为关键工作。（2.5分）

2.（本小题3.0分）

事件1：0 。（0.5分）

事件2：2天。（0.5分）

事件3：（350－300）/（300÷6）＝1天。（0.5分）

事件4：0。（0.5分）

事件5：1天。（0.5分）

合计：2＋1＋1＝4天。（0.5分）

3.（本小题1.0分）

（1）原价量 $300\times1.1=330m^3$

（2）新价量 $350-330=20m^3$

330×110＋20×100＝38300元。（1.0分）

4.（本小题5.0分）

事件1：

（1）5×240＋6×100＝1800元（0.5分）

（2）5×240×0.6＝720元（0.5分）

小计：1800＋720＝2520元（0.5分）

事件2：

（1）36×100＝3600元（0.5分）

（2）（360＋240）×2＝1200元（0.5分）

小计：3600+1200=4800元 （0.5分）

事件4：0 （0.5分）

事件5：（10×240+2200+600）×1.25=6500元 （1.0分）

合计：2520+4800+6500=13820元。 （0.5分）

案例六：网络流水

某工程，合同工期20个月。经总监审核批准的施工进度计划如图1—16所示（时间单位：月）。

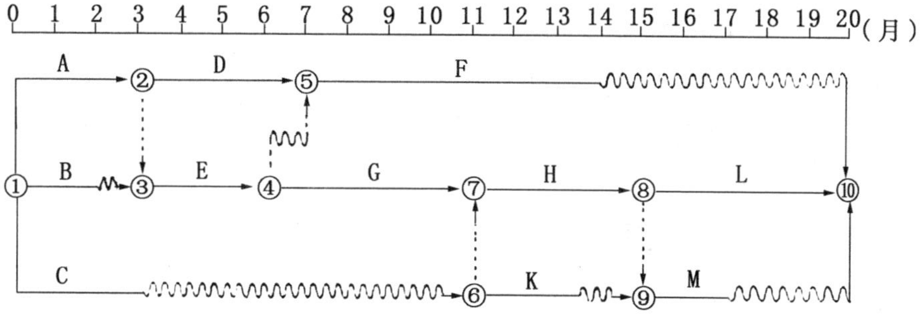

图1—16

施工过程中，当工作G开始之时检查实际进度，发现此前施工进度正常。此时，建设单位与施工单位协商将工期提前4个月。施工单位提出如下赶工方案，得到总监的同意。

该方案将G、H、L三项工作均分成两个施工段组织流水施工，流水节拍依次分别为（2，3）（2，2）（2，3）。

问题：

1. 写出以工作字母表示的关键线路。
2. 计算G、H、L工作组织流水施工的流水工期为多少个月？
3. 组织流水施工后，工程总工期能否提前4个月？为什么？

答案：【准则：网络、流水、两工期】

1. （本小题2.5分）

关键线路：A—E—G—H—L （2.5分）

2. （本小题4.5分）

（1）G工作与H工作的流水步距

```
        2   5
—)          2   4
————————————————
        2   3  —4
```

$k_{G,H}=3$ 个月　　(1.5 分)

(2) H 工作与 L 工作的流水步距

$$\begin{array}{rrrr} & 2 & 4 & \\ -) & & 2 & 5 \\ \hline & 2 & 2 & -5 \end{array}$$

$k_{H,L}=2$ 个月　　(1.5 分)

$T=\sum k+\sum t_n+\sum j-\sum c=(3+2)+(2+3)=10$ 个月　　(1.5 分)

3. (本小题 4.0 分)

工程总工期能够提前 4 个月，因为关键线路为 A—E—G—H—L，原计划中 G—H—L 的持续时间为 5+4+5=14 天，组织流水施工后的持续时间为 10 个月，14−10=4 个月，同时其他线路的持续时间均满足总工期提前 4 个月的要求。　　(4.0 分)

案例七：网络结算

某施工合同约定：

1. 合同工期为 9 个月。

2. 合同总价为 840 万元，各项工作费用如表 1—6 所示（部分工作费用）。

3. 预付款为 20%，当工程进度款达到合同价 50%的当月开始扣预付款，3 个月平均扣回。

4. 质量保修金为合同价的 5%，从第 1 个月开始，按每月进度款的 10% 扣留。

表 1—6

工作	A	B	C	D	E	F
造价/万元	30	54	30	84	300	21

经总监批准的网络计划如图 1—17 所示（时间单位：月）。

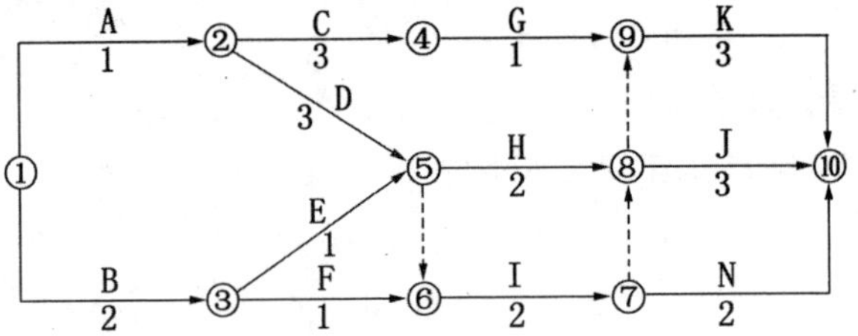

图 1—17

问题：

1. 开工后，前 3 个月施工单位每月已完工程款分别为多少万元？

2. 工程预付款为多少万元？预付款从何时开始扣回？

3. 总监前 3 个月每个月签证的工程款分别为多少万元？

答案：【准则：进度款项看网络，其他款项找背景】

1.（本小题 3.0 分）

（1）30＋54/2＝57 万元（1.0 分）

（2）54/2＋30/3＋84/3＝65 万元（1.0 分）

（3）30/3＋84/3＋300＋21＝359 万元（1.0 分）

2.（本小题 4.0 分）

（1）840×20％＝168 万元（2.0 分）

（2）2 月（57＋65）/840＝14.5％＜50％

3 月（57＋65＋359）/840＝57％＞50％，3 月份开始扣预付款。（2.0 分）

3.（本小题 6.0 分）

保修金 840×5％＝42 万元

（1）57×10％＝5.7 万元，再扣 42－5.7＝36.3 万元

签证 57×90％＝51.3 万元（1.0 分）

（2）65×10％＝6.5 万元，再扣 36.3－6.5＝29.8 万元

签证 65×90％＝58.5 万元（1.0 分）

（3）359×10％＝35.9＞29.8 万元，扣 29.8 万元（2.0 分）

签证 359－29.8－168/3＝273.2 万元（2.0 分）

案例八：网络偏差

某建设工程，采用固定单价合同，合同工期为 8 个月，施工单位编制的网络计划如图 1－18 所示（时间单位：月）。

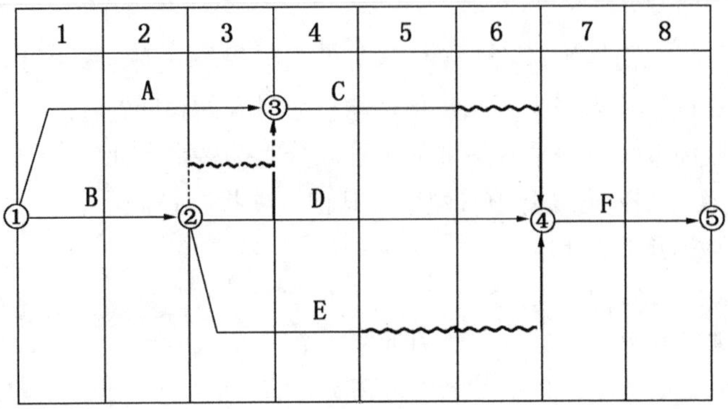

图 1—18

每一分项工程的计划工程量和实际工程量相等，并且计划进度和实际进度均为匀速施工。各个分项工程的相关信息如表 1—7 所示。

表 1—7

序	分项工程	A	B	C	D	E	F
(1)	总工程量/m^3	600	680	800	1200	760	400
(2)	计划成本/（元/m^3）	1200	1000	1000	1100	1200	1000
(3)	实际作业起止时间/月	1—3	1—2	5—6	3—6	3—5	7—10

施工期间 1～10 月因物价变动，各月成本与基期相比依次上涨百分之：0、0、5、5、5、8、10、10、5、5。

问题：

1. 根据背景资料，完成表 1—8。

表 1—8

数名名称	每月成本数据/万元									
	1	2	3	4	5	6	7	8	9	10
每月计划工作预算成本										
计划工作预算成本累计										
每月已完工作实际成本										
已完工作实际成本累计										
每月已完工作预算成本										
已完工作预算成本累计										

2. 计算该工程第 8 个月底的成本偏差。

3. 计算该工程第 8 个月底的进度偏差。

答案:【准则:四要四参四指标】

1. 如表 1—9 所示。(本小题 8.0 分)

表 1—9

	1	2	3	4	5	6	7	8	9	10
①	58	58	102.6	118.6	73	33	20	20		
累	58	116	218.6	337.2	410.2	443.2	463.2	483.2		
②	58	58	91.77	66.57	108.57	78.84	11	11	10.5	10.5
累	58	116	207.77	274.34	382.91	461.75	472.75	483.75	494.25	504.75
③	58	58	87.4	63.4	103.4	73	10	10	10	10
累	58	116	203.4	266.8	370.2	443.2	453.2	463.2	473.2	483.2

2. (本小题 6.0 分)

成本偏差=已完工作预算成本—已完工作实际成本 (2.0 分)

=463.2—483.75=—20.55 万元,成本超支 20.55 万元。(4.0 分)

3. (本小题 6.0 分)

进度偏差=已完工作预算成本—计划工作预算成本 (2.0 分)

=463.2—483.2=—20 万元,进度拖后 20 万元。 (2.0 分)

案例九:综合

某工程的施工合同工期为 16 周,项目监理机构批准的施工进度计划如图 1—19 所示(时间单位:周)。各工作均按匀速施工。施工单位的报价单(部分)如表 1—10 所示。

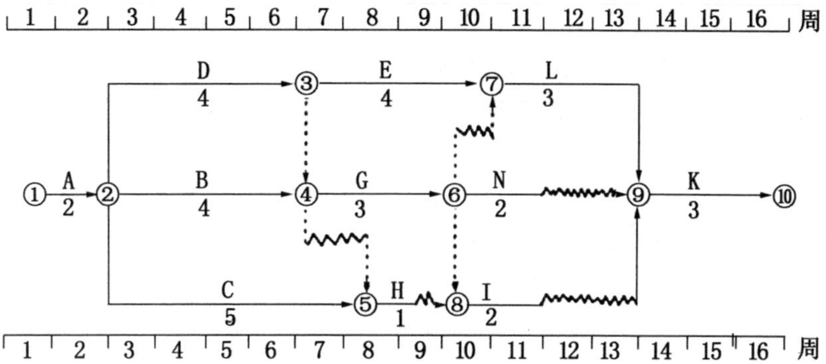

图 1—19

表 1—10

序号	工作名称	估算工程量	全费用综合单价/（元/m^3）
1	A	800m^3	300
2	B	1200m^3	320
3	C	20 次	—
4	D	1600m^3	280

工程施工到第 4 周末时进行进度检查，发生如下事件。

事件 1：A 工作已经完成，但由于设计图纸局部修改，实际完成的工程量为 840 m^3，工作持续时间未变。

事件 2：B 工作施工时，遇到异常恶劣的气候，造成施工单位的施工机械损坏和施工人员窝工，损失 1 万元，实际只完成估算工程量的 25%。

事件 3：C 工作为检验检测配合工作，只完成了估算工程量的 20%，施工单位实际发生检验检测配合工作费用 5000 元。

事件 4：施工中发现地下文物，导致 D 工作尚未开始，造成施工单位自有设备闲置 4 个台班，台班单价为 300 元/台班、折旧费为 100 元/台班。施工单位进行文物现场保护的费用为 1200 元。

问题：

1. 根据第 4 周末的检查结果，绘制实际进度前锋线，逐项分析 B、C、D 三项工作的实际进度及其对紧后工作和工期的影响，并说明理由。

2. 若施工单位在第 4 周末就 B、C、D 出现的进度偏差提出工程延期的要求，项目监理机构应批准工程延期多长时间？为什么？

3. 施工单位是否可以就事件 2、4 提出费用索赔？为什么？可以获得的索赔费用是多少？

4. 事件 3 中 C 工作发生的费用如何结算？说明原因。

5. 前 4 周施工单位可以得到的结算款为多少元？

答案：

1.（本小题 17.0 分）

实际进度前锋线如图 1—20 所示。（4.0 分）

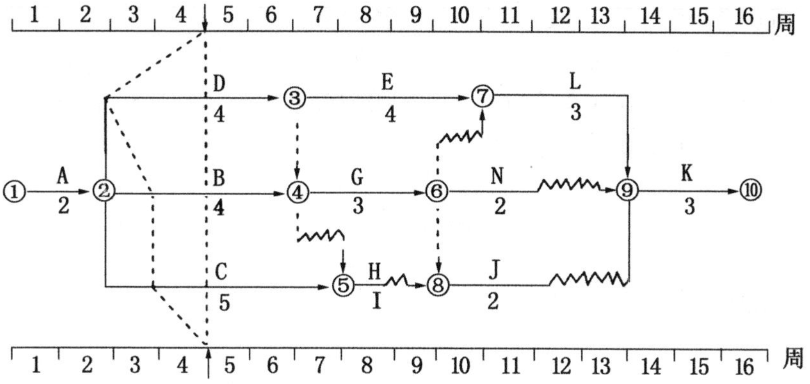

图 1—20

B 工作：

（1）实际进度拖后 1 周。（0.5 分）

（2）影响紧后工作 G 的最早开始时间 1 周，因 $FF_B=0$；（1.0 分）

不影响紧后工作 H 的最早开始时间，因 B、H 之间的时间间隔为 1 周。（1.0 分）

（3）不影响工期，因 $TF_B=1$ 周。（2.5 分）

C 工作：

（1）实际进度拖后 1 周。（0.5 分）

（2）影响紧后工作 H 的最早开始时间 1 周，因 $FF_C=0$。（1.0 分）

（3）不影响工期，因 $TF_C=3$ 周。（2.5 分）

D 工作：

（1）实际进度拖后 2 周。（0.5 分）

（2）影响紧后工作 E、G 的最早开始时间 2 周，因 $FF_D=0$；（1.5 分）

影响紧后工作 H 的最早开始时间 1 周，因 D 工作和 H 工作之间的时间间隔为 1 周，2－1＝1 周。（1.0 分）

（3）影响工期 2 周，因 $TF_D=0$ 周（或 D 工作为关键工作）。（1.0 分）

2.（本小题 3.0 分）

应批准工程延期 2 周，因 B、C 工作的拖后不影响工期；D 工作拖后 2 周，影响工期 2 周，并且发现文物是业主应承担的责任事件。（3.0 分）

3.（本小题 6.0 分）

（1）事件 2：不可以提出费用索赔，因异常恶劣的气候属于不可抗力，施工机械损坏和施工人员窝工是施工单位应承担的责任。（3.0 分）

（2）事件 4：可以提出费用索赔，因发现文物导致费用增加是业主应承担的责任事件。（2.0 分）

可获得费用索赔：4×100＋1200＝1600元。（1.0分）

4.（本小题2.0分）

不予结算，因施工单位对C工作的费用没有报价，未报价的项目视为已经包含在其他项目的综合单价中。（2.0分）

5.（本小题2.0分）

结算款：840×300＋1600＋1200×25％×320＝349600元。（2.0分）

案例十：综合

某建设单位和施工单位按照《建设工程施工合同（示范文本）》签订了施工合同，合同中约定：建筑材料由建设单位提供；由于非施工单位原因造成的停工，机械补偿费为200元/台班，人工补偿费为50元/日工；总工期为120天；竣工时间提前奖励为3000元/天，误期损失赔偿费为5000元/天。经项目监理机构批准的施工进度计划如图1－21所示（单位：天）。

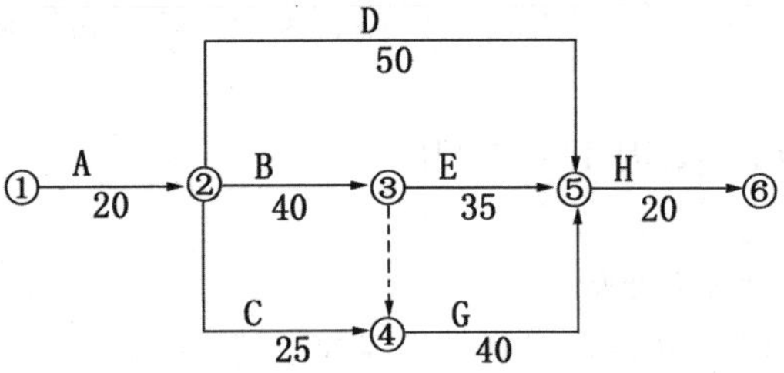

图1－21

施工过程中发生如下事件。

事件1：工程进行中，建设单位要求施工单位对某一构件作破坏性试验，以验证设计参数的正确性。该试验需修建两间临时试验用房，施工单位提出建设单位应该支付该项试验费用和试验用房修建费用。建设单位认为，该试验费属建筑安装工程检验试验费，试验用房修建费属建筑安装工程措施费中的临时设施费，该两项费用已包含在施工合同价中。

事件2：建设单位提供的建筑材料经施工单位清点入库后，在专业监理工程师的见证下进行了检验，检验结果合格。其后，施工单位提出，建设单位应支付建筑材料的保管费和检验费；由于建筑材料需要进行二次搬运，建设单位还应支付该批材料的二次搬运费。

事件3：①由于建设单位要求对B工作的施工图纸进行修改，致使B工作停工3天（每停一天影响30工日，10台班）；②由于机械租赁单位调度的原因，施工机械未能按时进场，使C工作的施工暂停5天（每停一天影响40工日，10台班）；③由于建设单位负责供应的材料未能按计划到场，E工作停工 6 天（每停一天影响 20 工日，5 台班）。施工单位就上述三种情况按正常的程序向项目监理机构提出了索赔要求。

事件 4：在工程竣工验收时，为了鉴定某个关键构件的质量，总监理工程师建议采用试验方法进行检验，施工单位要求建设单位承担该项试验的费用。

该工程的实际工期为 122 天。

问题：

1. 事件 1 中建设单位的说法是否正确？为什么？

2. 逐项回答事件 2 中施工单位的要求是否合理，说明理由。

3. 逐项说明事件 3 中项目监理机构是否应批准施工单位提出的索赔，说明理由并给出审批结果（写出计算过程）。

4. 事件 4 中试验检验费用应由谁承担？

5. 施工单位应该获得工期提前奖励，还是应该支付误期损失赔偿费？金额是多少？

答案：

1.（本小题 3.0 分）

不正确，因为该试验费属于研究试验费，试验用房费属于建设单位的临时设施费，均未包含在合同价内。（3.0 分）

2.（本小题 4.0 分）

（1）要求“支付材料的保管费和检验费”合理，因为建设单位供应材料的保管费和检验费未包含在合同价内。（2.0 分）

（2）要求“支付二次搬运费”不合理，因为二次搬运费属于措施项目费，已包含在合同价内。（2.0 分）

3.（本小题 10.0 分）

“①”应予批准费用索赔和工期索赔，因为对施工图纸进行修改是建设单位应承担的责任，并且 B 工作为关键工作；（3.5 分）

工期批准：3 天；（0.5 分）

费用批准：（30×50＋10×200）×3＝10500 元。（0.5 分）

“②”不予批准费用索赔和工期索赔，因为施工机械未能按时进场是施工单位应承担的责任。（1.0 分）

“③”应予批准批准费用索赔和工期索赔，因为建设单位供应材料未能按计划到场是建设单位应承担的责任事件，并且 TF_E＝5 天，停工 6 天超过了其总时差。（3.5 分）

工期批准：6－5＝1 天；（0.5 分）

费用批准：(20×50+5×200) ×6=12000 元。 (0.5 分)

4.（本小题 3.0 分）

视检验结果而定： (1.0 分)

(1) 如合格，由建设单位承担。 (1.0 分)

(2) 如不合格，由施工单位承担。 (1.0 分)

5.（本小题 4.0 分）

(1) 原合同工期：120 天。 (0.5 分)

(2) 新合同工期：120+ (3+1) =124 天。 (1.0 分)

(3) 实际的工期：122 天。 (0.5 分)

因实际工期小于新合同工期，所以施工单位应获得工期提前奖励。 (1.0 分)

金额 (124-122) ×3000=6000 元。 (1.0 分)

案例十一：综合

某建设工程，建设单位与施工单位依法签订了可调单价施工合同。

合同约定：工期为 6 个月；A、B 工作的材料由建设单位提供；合同价款采用以直接费为基础的全费用单价计算；施工过程中遇到物价上涨，只对钢材、水泥、骨料的价格进行调整。工程量和报价如表 1-11 所示。

表 1-11

工　作	A	B	C	D	E	F	G
估算工程量/m^3	2500	3000	4500	2200	2300	2500	2000
报价/（元/m^3）	100	150	120	180	100	150	200

施工进度计划如图 1-22 所示。

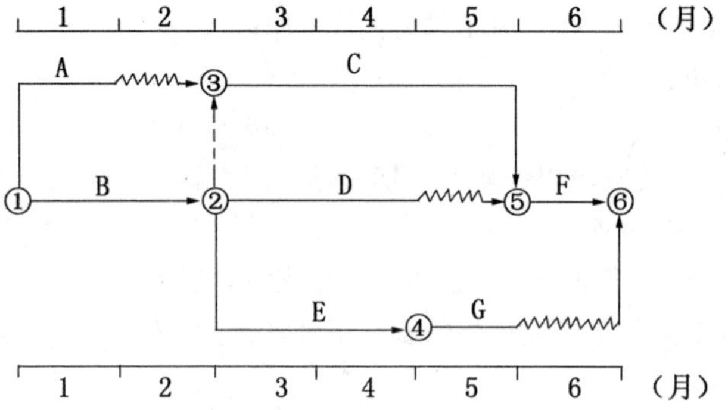

图 1-22

施工过程中，发生如下事件。

事件1：施工单位有两台大型机械设备需要进场，施工单位提出应由建设单位支付其进场费，但建设单位不同意另行支付。

事件2：建设单位提供的材料运抵现场后，项目监理机构要求施工单位及时送检，但施工单位称：施工合同专用条款并未对此做出约定，因此，建设单位提供的材料，施工单位没有送检的义务，若一定要施工单位送检，则由建设单位支付材料检测费用。

事件3：当施工按计划进行到第3个月末时，建设单位提出一项设计变更，使D工作的工程量增加2000m^3，施工单位调整施工方案后，D工作持续时间延长1个月。从第4个月开始，D工作执行新的全费用综合单价。经测算，新单价中直接费为160元/m^3，间接费费率为15%，利润率为5%，计税系数为3.41%。

事件4：由于施工机械故障，G工作的开始时间推迟了1个月。第6个月恰遇建筑材料价格大幅上涨，造成F、G工作的造价提高，造价管理部门公布的价格指数如表1—12所示。施工单位随即向项目监理机构提出了调整F、G工作结算单价的要求。经测算，F、G工作的单价中，钢材、水泥和骨料的价格所占比例均分别为25%、35%和10%。

表1—12

费用名称	基准月价格指数	结算月价格指数
钢材	105	130
水泥	110	140
骨料	100	120

问题：

1. 事件1中，建设单位的做法是否正确？说明理由。

2. 事件2中，施工单位的说法是否正确？说明理由。

3. 事件3中，列式计算D工作调整后新的全费用综合单价为多少元/m^3？

4. 事件4中，施工单位提出调整F和G工作单价的要求是否合理？说明理由。列式计算应调价工作的新单价为多少元/m^3？

5. 计算4、5、6月份的计划工作预算费用和已完工作实际费用分别为多少万元？（计算结果保留两位小数）

答案：

1.（本小题2.0分）

正确，因为大型机械设备进出场及一次按拆费属于建安工程费中的措施费，已经包含在合同价内。（2.0分）

2.（本小题3.0分）

（1）“施工单位没有送检的义务”不正确，因为任何工程材料在使用前，均由施工单位送检。（1.5分）

（2）“建设单位支付材料检测费用”正确，因为建设单位供应材料的检验试验费没有包含在合同价内，应由建设单位另行支付。（1.5分）

3.（本小题3.5分）

$160\times1.15\times1.05\times1.0341=199.79$ 元/m^3。（3.5分）

4.（本小题5.5分）

（1）调整F工作单价的要求合理，因为同合约定施工过程中遇到物价上涨，应对钢材、水泥、骨料的价格进行调整。（1.0分）

（2）调整G工作单价的要求不合理，因为施工机械故障使G工作的开始时间推迟了1个月是施工单位应承担的责任事件。（1.0分）

F工作的新单价：

$150\times[(1-0.25-0.35-0.1)+0.25\times130/105+0.35\times140/110+0.1\times120/100]=176.25$ 元/m^3。（3.5分）

5.（本小题6.0分）

（1）计划工作预算费用

4月份：$4500\times120/3+2200\times180/2+2300\times100/2=49.30$ 万元；（1.0分）

5月份：$4500\times120/3+2000\times200=58.00$ 万元；（1.0分）

6月份：$2500\times150=37.50$ 万元。（1.0分）

（2）已完工作实际费用

4月份：$4500\times120/3+3100\times199.79/2+2300\times100/2=60.47$ 万元；（1.0分）

5月份：$4500\times120/3+3100\times199.79/2=48.97$ 万元；（1.0分）

6月份：$2500\times176.25+2000\times200=84.06$ 万元。（1.0分）

案例十二：综合

某建设工程，施工合同约定：工期19周；钢筋混凝土基础工程量增加超出15%时，对超出部分按原价的90%调整单价。

经总监批准的施工总进度计划如图1－23所示（单位：周），其中A、C工作为钢筋混凝土基础工程，B、G工作为片石混凝土基础工程，D、E、F、

H、I工作为设备安装工程，K、L、J、N工作为设备调试工作。

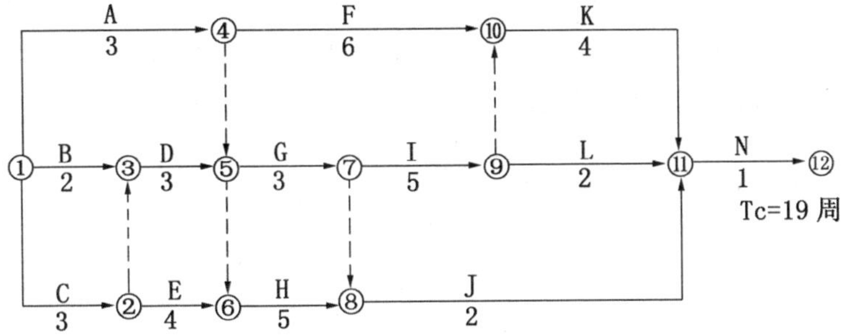

图 1—23

施工过程中，发生如下事件。

事件 1：合同约定 A、C 工作的综合单价为 700 元/m^3在 A、C 工作开始前，设计单位修改了设备基础尺寸，A 工作的工程量由原来的 4200m^3增加到 7000m^3，C 工作的工程量由原来的 3600m^3减少到 2400m^3。

事件 2：A、D 工作完成后，建设单位拟将后续工程的总工期缩短 2 周，要求项目监理机构帮助拟定一个合理的赶工方案以便与施工单位洽商，项目监理机构提出的后续工期可以缩短的时间及其赶工费率如表 1—13 所示。

表 1—13

工作名称	F	G	H	I	J	K	L	N
可缩短的时间（周）	2	1	0	1	2	2	1	0
赶工费率（万元/周）	0.5	0.4	—	3.0	2.0	1.0	1.5	—

事件 3：调试工作结果如表 1—14 所示。

表 1—14

工作	设备采购者	结果	原因	未通过增加的费用（万元）
K	建设单位	未通过	设备制造缺陷	3
L	建设单位	未通过	安装质量缺陷	1
J	施工单位	通过	—	—
N	建设单位	未通过	设计缺陷	2

问题：

1. 事件 1 中，设计修改后，在单位时间完成工程量不变的前提下，A、C

工作的持续时间分别为多少周？对合同总工期是否有影响？为什么？A、C工作的费用共增加了多少？

2. 事件2中，项目监理机构如何调整计划才能既实现建设单位的要求又能使赶工费用最少？说明理由。增加的最少赶工费用是多少？

3. 对表1－12中未通过的调试工作，根据施工合同进行责任界定，并确定应补偿施工单位的费用。

答案：

1. （本小题11.0分）

（1）A：3/4200×7000＝5周； （1.0分）

C：3/3600×2400＝2周。 （1.0分）

（2）有影响，因为原 T_C＝19周，设计变更后进度计划的关键线路之一为A－G－I－K－N，计算工期5＋3＋5＋4＋1＝18周，导致工期提前1周。 （4.0分）

（3）原费用：（4200＋3600）＝7800m^3，7800×700＝546.00万元； （1.0分）

新费用：（9400－7800）/7800＝20.51%＞15%； （0.5分）

超出部分调价：700×0.9＝630元/m^3； （0.5分）

原价量：7800×1.15＝8970m^3； （0.5分）

新价量：7000＋2400－8970＝430m^3； （0.5分）

8970×700＋430×700×0.9＝654.99万元； （1.0分）

费用增加：654.99－546＝108.99万元。 （1.0分）

2. （本小题5.0分）

（1）压缩G工作1周，工期缩短1周，增加费用0.4万元。 （1.5分）

（2）压缩K工作1周，工期缩短1周，增加费用1.0万元； （1.5分）

调整进度计划：工作G、K分别压缩1周，增加费用最少； （1.5分）

赶工费：0.4＋1＝1.4万元。 （0.5分）

3. （本小题4.0分）

（1）K工作未通过，建设单位承担责任。 （1.0分）

（2）L工作未通过，施工单位承担责任。 （1.0分）

（3）N工作未通过，建设单位承担责任。 （1.0分）

补偿费用：3＋2＝5万元。 （1.0分）

案例十三：2004通信（五）

背景资料

某外地光缆SDH通信传输设备安装工程，共4个站，其中2个TM站，

2个ADM站，光缆线路已完成，设备及主要材料由业主指定的厂商提供到现场，电力电缆及辅材由施工单位自购，测试仪表由施工单位准备，合同工期28天。工程情况如表1—15所示。

表1—15

工作代号	工作内容	持续时间（天）	使用人员（人）	
			测试人员	安装人员
A	TM站1安装	12		8
B	TM站1本机测试	3	2	
C	TM站2安装	12		8
D	TM站2本机测试	3	2	
E	ADM站1安装	5		4
F	ADM站1本机测试	2	2	
G	ADM站2安装	5		4
H	ADM站2本机测试	2	2	
I	系统测试	6	2	
J	整理竣工文件	1	2	

合同规定本工程不能分包或转包其他施工单位；本工程只配备一套测试仪表，工程准备和转移时间含在安装、测试时间内；计划工期等于计算工期。

问题：

1. 绘制给出的网络图，标注时间参数和关键路径（关键路径用双线表示）。计划工期是否符合合同要求？施工总进度计划如图1—24所示。

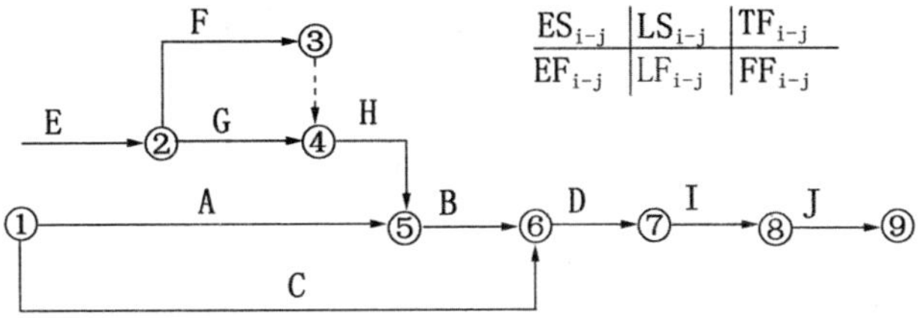

图1—24

2. 如本工程安装人员费用100元/人·天；测试人员费用200元/人·天；测试仪表费用2000元/套·天；仪表调遣费1100元/套；人员调遣费

200 元/人。试计算本工程最低施工成本。

3. 在 TMl、TM2 站安装工作同时完成的情况下，若增加一套仪表（包括 2 名测试人员）系统测试可缩短一半时间。绘出调整后的网络图。计算工期可提前多少天？工程成本增加多少？

4. 如设备到货延迟造成工期损失，施工单位可否向设备厂商索赔？为什么？

答案：

1.（本小题 14.0 分）

（1）标注时间参数（略）。（10 分）

（2）关键线路两条：A—B—D—I—J 和 E—G—H—B—D—I—J。（2.0 分）

（3）计算工期：12＋3＋3＋6＋1＝25 天，合同工期 28 天；计划工期等于计算工期，计划工期小于合同工期；所以计划工期符合合同要求。（2.0 分）

2.（本小题 7.0 分）

（1）安装费（12×8＋5×4）×2×100＋（8＋8＋4＋4）×200＝28000 元。（3.0 分）

（2）测试费（3＋3＋2＋2＋6＋1）×2×200＋（3＋3＋2＋2＋6）×2000＋1100＋2×200＝40300 元；（3.0 分）

最低施工成本：28000＋40300＝68300 元。（1.0 分）

3.（本小题 6.0 分）

（1）绘图（略）。（2.0 分）

（2）计算工期可提前 3 天。（2.0 分）

（3）成本增加：2×200＋1100＝1500 元。（2.0 分）

4.（本小题 3.0 分）

施工单位不可以向设备厂商索赔；（1.0 分）

因为施工单位与设备厂商没有合同关系，施工单位只能向业主索赔，业主再向设备厂商索赔。（2.0 分）

案例十四：2005 建筑（二）部分内容

背景资料

投资公司（甲方）与中标施工单位（乙方）双方按规定签定了施工承包合同，合同约定开工日期为 2003 年 8 月 16 日。

合同履行过程中，发生了如下几个事件。

事件 1：因拆迁工作拖延，甲方于 2003 年 8 月 18 日才向乙方提供施工场地，导致乙方 A、B 两项工作延误了 2 天，并分别造成人工窝工 6 个和 8 个工日；但乙方 C 项工作未受影响。

事件 2：乙方与机械设备租赁商约定，D 项工作施工用的某机械应于 2003 年 8 月 28 日进场，但因出租方原因推迟到当月 29 日才进场，造成 D 项工作延误 1 天和人工窝工 7 个工日。

事件 3：因甲方设计变更，乙方在 E 项工作施工时，导致人工增加 14 个工日，其他费用增加了 1.5 万元，并使施工时间增加了 2 天。

事件 4：在 F 项工作施工时，因甲方供材出现质量缺陷，乙方施工增加用工 6 个工日，其他费用 1000 元，并使 H 项工作时间延长 1 天，人工窝工 24 个工日。

上述事件中，A、D、H 三项工作均为关键工作，没有机动时间，其余工作均有足够的机动时间。

问题：

1. 乙方能否就上述每项事件向甲方提出工期索赔和费用索赔？请说明理由。

2. 施工合同约定：人工费标准为 30 元/工日，应由甲方给予补偿的窝工人工费标准为 18 元/工日；施工管理费、利润等均不予补偿。在该工程中，乙方可得到合理的费用索赔有哪几项？费用索赔额是多少？

答案：

1.（本小题 9.5 分）

事件 1：

（1）A 工作延误能够提出工期索赔和费用索赔；（0.5 分）

因为根据合同约定，拆迁工作拖延，甲方于 2003 年 8 月 18 日才向乙方提供施工场地，这是甲方应承担的责任事件，并且 A 工作为关键工作。（1.0 分）

（2）B 工作延误不能提出工期索赔，但能够提出费用索赔；（0.5 分）

因为根据合同约定，拆迁工作拖延，甲方于 2003 年 8 月 18 日才向乙方提供施工场地，这是甲方应承担的责任事件，但 B 工作为非关键工作，有足够的机动时间，对工期未造成影响。（1.0 分）

（3）C 工作不能提出工期索赔和费用索赔；（0.5 分）

因为根据事件 1 的描述，C 工作未受影响，即没有导致工期延误和费用增加。（0.5 分）

事件 2：

不能提出工期索赔和费用索赔；（0.5分）

因为根据合同约定，出租方原因施工机械推迟到当月29日才进场，这是乙方应承担的责任事件。（0.5分）

事件3：

不能提出工期索赔，但能够提出费用索赔；（0.5分）

因为根据合同约定，设计变更是甲方应承担的责任事件，但E工作为非关键工作，有足够的机动时间，对工期未造成影响。（1.0分）

事件4：

（1）F工作不能提出工期索赔，但能够提出费用索赔；（0.5分）

因为根据合同约定，甲方供材出现质量缺陷是甲方应承担的责任事件，但F工作为非关键工作，有足够的机动时间，对工期未造成影响。（1.0分）

（2）H工作能够提出工期索赔和费用索赔；（0.5分）

因为根据合同约定，甲方供材出现质量缺陷是甲方应承担的责任事件，并且H工作为关键工作。（1.0分）

2.（本小题4.5分）

（1）费用索赔项目

事件1的人工窝工费；（0.5分）

事件3的人工增加费和其他增加费；（0.5分）

事件4的人工增加费、其他增加费和人工窝工费。（0.5分）

（2）费用索赔额

事件1：（6＋8）×18＝252元；（0.5分）

事件3：14×30＋15000＝15420元；（0.5分）

事件4：6×30＋1000＋24×18＝1612元；（0.5分）

合计：252＋15420＋1612＝17284元。（1.5分）

案例十五：2005建筑（五）

背景资料

某办公楼由12层主楼和3层辅楼组成。施工单位（乙方）与建设单位（甲方）签订了承建该办公楼施工合同，合同工期为41周。合同约定，工期奖罚2500元/天。乙方提交了如图1－25所示的网络计划，并得到甲方的批准。

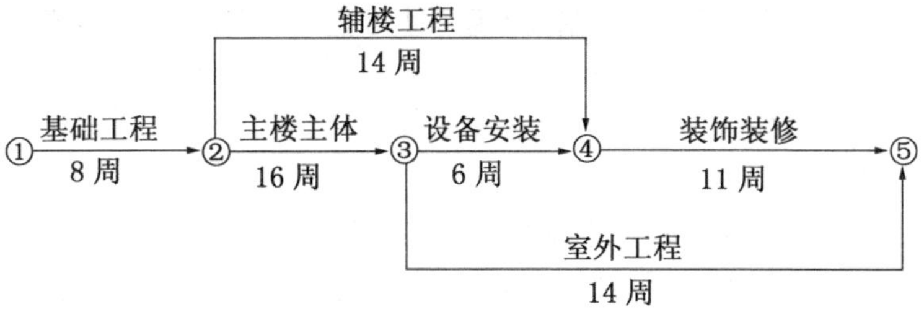

图 1—25

施工过程中发生了如下事件。

事件 1：在基坑开挖后，发现局部有软土层，乙方配合地质复查，配合用工 10 个工日。根据批准的地基处理方案，乙方增加直接费 5 万元。因地质复查使基础工程延长 3 天，人工窝工 15 个工日。

事件 2：辅楼工程施工时，因某处设计尺寸不当，甲方要求拆除已施工部分，重新施工，因此造成增加用工 30 个工日，材料费、机械台班费计 2 万元，辅楼工程拖延 1 周。

事件 3：在主楼主体施工中，因施工机械故障，造成工人窝工 8 个工日，该项工作延长 4 天。

事件 4：因乙方购买的室外工程管线材料质量不合格，甲方令乙方重新购买，因此造成该项工作多用人工 8 个工日，该项工作延长 4 天，材料损失费 1 万元。

事件 5：鉴于工期较紧，经甲方同意，乙方在装饰装修时采取了加快施工的技术措施，使得该工作工期缩短了 1 周，该项技术组织措施费为 0.6 万元。

其余各项工作实际作业时间和费用与原计划相符。

问题：

1. 该网络计划中哪些工作是主要控制对象（关键工作）？计划工期是多少？

2. 针对上述每一事件，乙方能否向甲方提出工期及费用索赔？说明理由。

3. 该工程可得到的工期补偿为多少天？分析并计算工期奖（罚）款的数额。

4. 合同约定人工费标准是 30 元/工日，窝工人工费补偿标准是 18 元/工日，该工程间接费、利润、税金等综合费率为 30%。在工程结算时，乙方应得到的索赔款为多少？

答案：

1.（本小题 4.0 分）

（1）主要控制对象：基础工程、主楼主体、设备安装、装饰装修。

（2.0 分）

(2) 经计算关键线路为：基础工程—主楼主体—设备安装—装饰装修；(1.0 分)

所以计划工期为：8+16+6+11=41 周。(1.0 分)

2.（本小题 13.0 分）

(1) 事件 1：能够提出工期索赔和费用索赔；(1.0 分)

因为根据合同约定，局部有软土层是甲方应承担的责任事件，并且基础工程为关键工作。(2.0 分)

(2) 事件 2：不能提出工期索赔，但能够提出费用索赔；(1.0 分)

因为根据合同约定，设计尺寸不当是甲方应承担的责任事件，但辅楼工程为非关键工作，其总时差为 8 周，拖延 1 周没有超出其总时差，对工期未造成影响。(3.0 分)

(3) 事件 3：不能够提出工期索赔和费用索赔；(1.0 分)

因为根据合同约定，施工机械故障是乙方应承担的责任事件。(1.0 分)

(4) 事件 4：不能够提出工期索赔和费用索赔；(1.0 分)

因为根据合同约定，乙方购买的材料质量不合格是乙方应承担的责任事件。(1.0 分)

(5) 事件 5：不能够提出工期索赔和费用索赔；(1.0 分)

因为根据合同约定，乙方采取了加快施工的技术措施是为了获得工期提前奖或避免延期罚款。(1.0 分)

3.（本小题 6.0 分）

(1)

事件 1：3 天；(0.5 分)

事件 2：0；(0.5 分)

事件 3：0；(0.5 分)

事件 4：0；(0.5 分)

事件 5：0；(0.5 分)

合计：3 天。(0.5 分)

(2)

原合同工期：41 周=287 天；(0.5 分)

新合同工期：287+3=290 天；(0.5 分)

实际工期：290+4−7=287 天；(0.5 分)

实际工期小于新合同工期，应获得工期提前奖；(0.5 分)

奖励数额：(290−287) ×2500=7500 元。(1.0 分)

4.（本小题 7.0 分）

事件 1：（10×30＋50000）×（1＋30％）＋15×18＝65570 元；（2.5 分）

事件 2：（30×30＋20000）×（1＋30％）＝27170 元；（2.5 分）

事件 3：0；（0.5 分）

事件 4：0；（0.5 分）

事件 5：0；（0.5 分）

索赔款（不含工期奖）：65570＋27170＝92740 元；（0.5 分）

索赔款（含工期奖）：65570＋27170＋7500＝100240 元。（0.5 分）

案例十六：2005 机电（五）

背景资料

某电力工程项目的合同规定：在施工过程中，如因建设单位的原因造成窝工，则建设单位只赔付施工单位人工和设备窝工费（可按工日费和台班费的 60％计算），其他费用不计，工期顺延。如因施工单位原因造成工程延期，则每延期一天罚款 5000 元。该工程按如图 1－26 所示的网络计划（单位：天）组织施工，材料由建设单位采购。

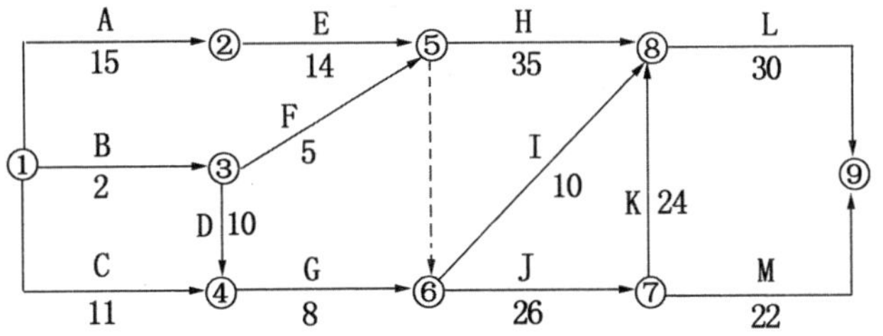

图 1－26

施工过程中发生了如下事件。

事件 1：因建设单位材料供应延误，使 E、H 和 J 分别延误 3 天、2 天和 3 天。

事件 2：因施工机械故障，使 G 和 H 各延误 1 天。

事件 3：因台风原因，使 K 和 L 各延误 2 天。

问题：

1. 图 1－26 为何种类型的网络计划？确定并写出图 1－26 的关键线路。该工程的计划工期是多少天？

2. 上述事件中施工单位可以向建设单位提出哪些索赔？为什么（请按各事件逐项说明）？事件发生后该工程的实际工期是多少天？

3. 假设该工程中的每项工作平均需 2 台施工机械和 6 名员工，平均台班费和工日费分别为 300 元和 100 元。施工单位要求顺延的工期和索赔的费用各是多少?

4. 在事件 2 中，如果不允许加班或赶工，则施工单位是否应受到罚款?为什么?

5. 在该工程施工过程中，由于施工单位自身原因使工程施工成本增加了多少元?

6. 该工程项目完工时，施工单位的实际成本比计划成本增加了多少元?

答案:

1. (本小题 4.0 分)

(1) 双代号网络计划。 (1.0 分)

(2) 关键线路：A—E—J—K—L。 (2.0 分)

(3) 计划工期：15+14+26+24+30=109 天。 (1.0 分)

2. (本小题 14.0 分)

(1) 事件 1

E 工作和 J 工作可提出工期索赔和费用索赔; (1.0 分)

因为建设单位材料供应延误是建设单位应承担的责任事件，并且 E 工作和 J 工作均为关键工作。 (3.0 分)

H 工作不可以提出工期索赔，但可以费用索赔; (1.0 分)

因为建设单位材料供应延误是建设单位应承担的责任，但 H 工作是非关键工作，其总时差为 15 天，延误 2 天未超出其总时差，对工期没有影响。 (3.0 分)

(2) 事件 2

G 工作和 H 工作均不可以提出工期索赔和费用索赔; (1.0 分)

因为施工机械故障是施工单位应承担的责任事件。 (1.0 分)

(3) 事件 3

K 工作和 L 工作均可以提出工期索赔，但均不可以提出费用索赔; (1.0 分)

因为台风原因属于不可抗力事件，工期延误是建设单位应承担的责任，但停工损失是施工单位应承担的责任。 (3.0 分)

3. (本小题 5.0 分)

(1) 工期

事件 1：3+3=6 天。 (0.5 分)

事件 2：0。 (0.5 分)

事件 3：2+2=4 天。 (0.5 分)

合计的顺延工期：6+4=10 天。 (0.5 分)

(2) 费用

事件 1：(3+2+3) × (300×2+100×6) ×60%=5760 元。 (1.5 分)

事件 2：0。 (0.5 分)

事件 3：0。 (0.5 分)

合计索赔费用：5760 元。 (0.5 分)

4. (本小题 2.0 分)

不应受到罚款； (0.5 分)

因为 G 工作和 H 工作均为非关键工作，原有总时差 $TF_G=9$ 天、$TF_H=15$ 天，各自延误 1 天均未超出其总时差，不影响工期。 (1.5 分)

5. (本小题 2.5 分)

(1+1) × (300×2+100×6) ×60%=1440 元。 (2.5 分)

6. (本小题 2.5 分)

1440+ (2+2) × (300×2+100×6) ×60%=4320 元。 (2.5 分)

案例十七：2006 建筑（五）

背景资料

某建筑工程，建筑面积 3.8 万 m^2，地下一层，地上十六层。施工单位(以下简称乙方）与建设单位（以下简称甲方）签订了施工总承包合同，合同工期 600 天。合同约定，工期每提前（或拖后）1 天，奖励（或罚款）1 万元。乙方将屋面和设备安装两项工程的劳务进行了分包，分包合同约定，若造成乙方关键工作的工期延误，每延误一天，分包方应赔偿损失 1 万元。主体结构混凝土施工使用的大模板采用租赁方式，租赁合同约定，大模板到货每延误一天，供货方赔偿 1 万元。乙方提交了施工网络计划，并得到了监理单位和甲方的批准。该工程按如图 1—27 所示的网络计划组织施工。

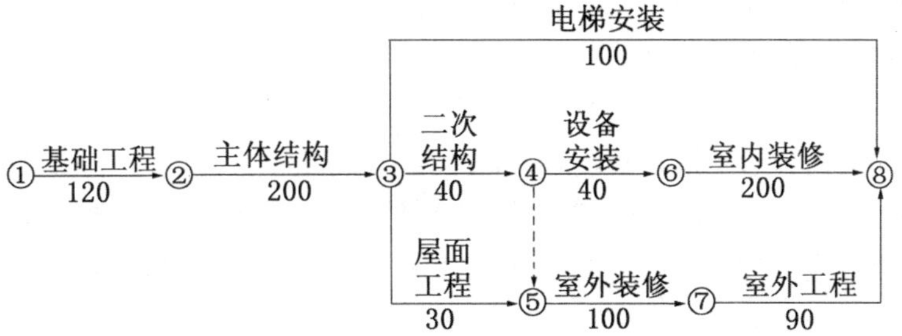

图 1—27

施工过程中发生了以下事件。

事件 1：底板防水工程施工时，因特大暴雨突发洪水原因，造成基础工程施工工期延长 5 天，因人员窝工和施工机械闲置造成乙方直接经济损失 10 万元。

事件 2：主体结构施工时，大模板未能按期到货，造成乙方主体结构施工工期延长 10 天，直接经济损失 20 万元。

事件 3：屋面工程施工时，乙方的劳务分包方不服从指挥，造成乙方返工，屋面工程施工工期延长 3 天，直接经济损失 0.8 万元。

事件 4：中央空调设备安装过程中，甲方采购的制冷机组因质量问题退换货，造成乙方设备安装工期延长 9 天，直接费用增加 3 万元。

事件 5：因为甲方对外装修设计的色彩不满意，局部设计变更通过审批后，使乙方室外装修晚开工 30 天，直接费损失 0.5 万元。

其余各项工作的实际持续时间和费用与原计划相符。

问题：

1. 用文字或符号标出该网络计划的关键线路。

2. 指出乙方向甲方索赔成立的事件，并分别说明索赔内容和理由。

3. 分别指出乙方可以向大模板供货方和屋面工程劳务分包方索赔的内容和理由。

4. 该工程实际总工期多少天？乙方可得到甲方的工期补偿为多少天？工期奖（罚）款是多少万元？

5. 乙方可得到各劳务分包方和大模板供货方的费用赔偿各是多少万元？

6. 如果只有室内装修工程有条件可以压缩工期，在发生以上事件的前提条件下，为了能最大限度地获得甲方的工期奖，室内装修工程工期应压缩多少天？

答案：

1. （本小题 1.0 分）

关键线路：①→②→③→④→⑥→⑧（或①—②—③—④—⑥—⑧，或答基础工程—主体结构—二次结构—设备安装—室内装修）。 （1.0 分）

2. （本小题 12.0 分）

（1）事件 1 索赔成立 （1.0 分）

索赔的内容为工期索赔，但不能提出费用索赔； （1.0 分）

因特大暴雨突发洪水属于不可抗力事件，且该工作属于关键工作，工期损失是甲方应承担的责任，但人员窝工和施工机械闲置是乙方应承担的责任。 （2.0 分）

（2）事件 4 索赔成立 （1.0 分）

索赔的内容为工期索赔和费用索赔； （1.0 分）

因甲方采购的制冷机组因质量问题退换货物是甲方应承担的责任事件，且该工作为关键工作。（2.0分）

（3）事件5索赔成立（1.0分）

索赔的内容为费用索赔均，但不能提出工期索赔；（1.0分）

因设计变更是甲方应承担的责任事件，但室外装修工程是非关键工作，其总时差为50天，晚开工30天未超出其总时差。（2.0分）

3.（本小题6.0分）

（1）乙方可以向大模板供货方索赔费用和工期延误造成的损失赔偿；（2.0分）

因为大模板供货方未能按期交货是大模板供货方应承担的责任，且主体结构属关键工作，工期延误导致了乙方的赔偿损失。（2.0分）

（2）乙方可以向屋面工程劳务分包方索赔费用，但不能索赔屋面工程施工工期延长3天的工期赔偿损失；（1.0分）

因为乙方的劳务分包方不服从指挥是劳务分包方应承担的责任事件，但屋面工程是非关键工作，其总时差为10天，延长3天未超出其总时差。（1.0分）

4.（本小题4.0分）

（1）上述事件发生后的关键线路仍为①→②→③→④→⑥→⑧；

实际总工期：（120＋5）＋（200＋10）＋40＋（40＋9）＋200＝624天。（1.0分）

（2）事件1和事件4的工期索赔成立，工期补偿：5＋9＝14天。（2.0分）

（3）原合同工期600天；新合同工期600＋14＝614天；实际工期624天超过新合同工期；乙方应承担工期罚款：（624－614）×1＝10万元。（1.0分）

5.（本小题4.0分）

（1）可得到劳务分包方的费用赔偿0.8万元。（1.0分）

（2）可得到大模板供货方的费用赔偿：直接经济损失20万元，工期罚款损失10万元，合计为30万元。（3.0分）

6.（本题3.0分）

（1）线路①－②－③－④－⑤－⑦－⑧的总持续时间为（120＋5）＋（200＋10）＋40＋（100＋30）＋90＝595天。（2.0分）

（2）室内装修工程工期应压缩624－595＝29天。（1.0分）

案例十八：2006 机电（三）

背景资料

南方电子电气有限公司（建设单位）新建液晶屏（LCD）生产车间，其生产线由建设单位从国外订购，A 施工单位承包安装。A 施工单位进场时，生产车间的土建工程和机电配套工程（B 施工单位承建）已基本完工。A 施工单位按合同工期要求，与建设单位、生产线供应商和 B 施工单位洽谈，编制了 LCD 生产线安装网络计划工作的逻辑关系及工作持续时间，如表 1－16 所示。

表 1－16

工作内容	工作代号	紧前工作	持续时间（天）
进场施工准备	A	——	20
开工后生产线进场	B	——	60
基础检测验收	C	A	10
配电装置及线路安装	D	A	30
LCD 生产线组装固定	E	BC	75
配套设备及电气控制系统安装	F	BC	40
LCD 生产线试车调整	G	DE	30
电气控制系统测试	H	DEF	25
联动调试、试运行、验收	I	GH	15

A 施工单位在设备基础检验时，发现少量基础与安装施工图不符，B 施工单位进行了整改，重新浇捣了混凝土基础，经检验合格，使基础检验持续时间为 30 天。

LCD 生产线的安装正值夏季，由于台风影响航运，使 LCD 生产线设备到达安装现场比计划晚 7 天。A 施工单位按照建没单位的要求，调整进度计划，仍按合同规定的工期完成。

问题：

1. 按 LCD 生产线安装网络计划工作的逻辑关系及工作持续时间表，为 A 施工单位项目部绘出安装进度双代号网络计划图。

2. 分析影响工期的关键工作是哪几项？总工期需多少天？

3. 基础检验工作增加到 30 天，是否影响总工期？说明理由。

4. LCD 生产线设备晚到 7 天，是否影响总工期？说明理由。

5. 如按合同工期完成，A 施工单位如何进行工期调整？

答案：

1. 如表 1—17 所示。（本小题 5.0 分）

表 1—17

工作内容	工作代号	紧前工作	紧后工作	持续时间（天）
进场施工准备	A	—	CD	20
开工后生产线进场	B	—	EF	60
基础检测验收	C	A	EF	10
配电装置及线路安装	D	A	GH	30
LCD 生产线组装固定	E	BC	GH	75
配套设备及电气控制系统安装	F	BC	H	40
LCD 生产线试车调整	G	DE	I	30
电气控制系统测试	H	DEF	I	25
联动调试、试运行、验收	I	GH	—	15

绘图（略）

2. （本小题 4.0 分）

（1）关键工作：B、E、G、I 四项工作。（2.0 分）

（2）关键线路：B—E—G—I，总工期为 60＋75＋30＋15＝180 天。（2.0 分）

3. （本小题 4.0 分）

不影响总工期，因为基础检验工作为非关键工作，其总时差为 30 天，持续时间增加 20 天未超出其总时差，不影响总工期。（4.0 分）

4. （本小题 3.0 分）

影响总工期，因为 LCD 生产线设备为关键工作。（3.0 分）

5. （本小题 4.0 分）

选择关键工作 E、G、I 进行压缩，但选择压缩对象时应注意：（1.0 分）

（1）选择对质量和安全影响不大的关键工作。（1.0 分）

（2）选择有充足备用资源的关键工作。（1.0 分）

（3）选择压缩单位时间增加费用最少的关键工作。（1.0 分）

案例十九：2007 建筑（一）

背景资料

某办公楼由主楼和辅楼组成，建设单位（甲方）与施工单位（乙方）签订了施工合同。经甲方批准的施工网络进度计划如图 1－28 所示。

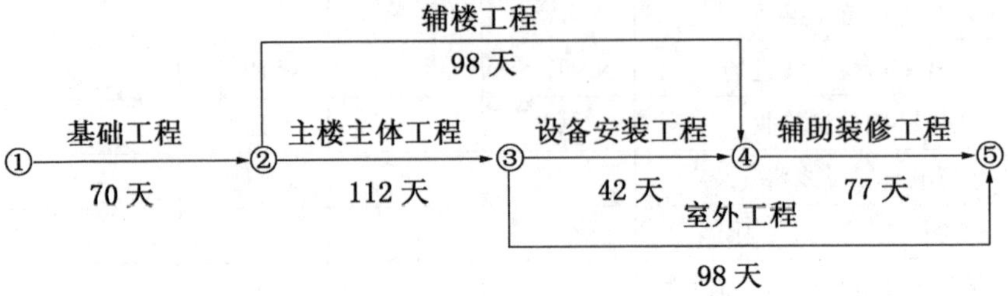

图 1－28

施工过程中发生如下事件。

事件 1：在基坑开挖后，发现局部有软土层，重新调整了地基处理方案，经批准后组织实施，乙方为此增加费用 5 万元，基础施工工期延长 3 天。

事件 2：辅楼施工时，甲方提出修改设计，乙方按设计变更要求拆除了部分已完工程重新施工，造成乙方多支付人工费 1 万元，材料和机械费用 2 万元，辅楼工期因此拖延 7 天。

事件 3：主楼施工中，因施工机械故障造成停工，主楼工期拖延 7 天，费用增加 6 万元。

问题：

1. 原施工网络计划中，关键工作是哪些？计划工期是多少？

2. 针对上述每一事件，乙方如提出工期和费用索赔，索赔是否成立？请简述理由。

3. 乙方共可得到索赔的工期为多少天？费用为多少元？

答案：

1. （本小题 6.0 分）

（1）关键工作：基础工程、主楼主体工程、设备安装工程、装修工程。（4.0 分）

（2）计划工期：70＋112＋42＋77＝301 天。（2.0 分）

2. （本小题 10.0 分）

（1）事件 1：工期索赔和费用索赔均成立；（1.0 分）

因为局部有软土层是甲方应承担的责任事件，且该基础工程为关键工作。（3.0 分）

（2）事件 2：费用索赔成立，但工期索赔不成立；（1.0 分）

因为甲方提出修改设计是甲方应承担的责任事件，但辅楼工程是非关键工作，其总时差为 56 天，拖延 7 天未超过其总时差，不影响工期。（3.0 分）

（3）事件 3：工期和费用均不成立；（1.0 分）

因为施工机械故障造成停工是乙方应承担的责任事件。（1.0 分）

3.（本小题 4.0 分）

（1）工期索赔：3 天。（2.0 分）

（2）费用索赔：5＋（1＋2）＝8 万元。（2.0 分）

案例二十：2007 机电（二）

背景资料

A 公司应邀参加氮制造厂合成压缩工段技改工程投标，招标文件说明，以工期安排最短、最合理为中标主要条件。A 公司技术部门依据招标文件规定的工程内容编制了网络计划，如图 1—29 所示。

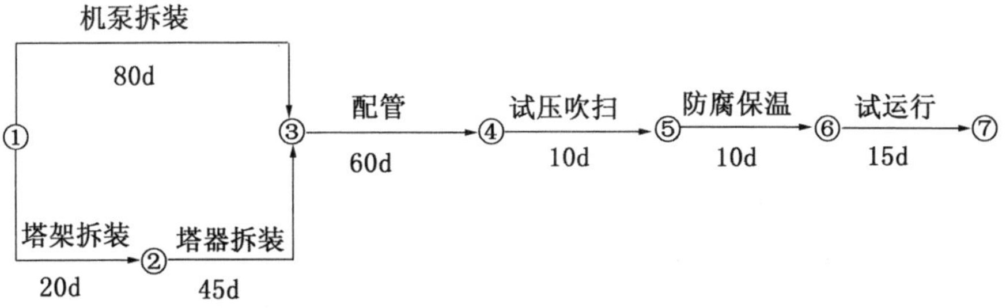

图 1—29

【附加说明：1. 配管包括机泵本体的配管 25d，塔器本体的配管 20d，塔机的间连接配管 15d；2. 试运行包含空负荷单机和联动试运转，考虑不可预见因素较多，计划安排 15d 的试运行时间。】

A 公司总工程师审核认为网络图不符合最短工期要求，退回重编，要求附加说明。经修改重编网络图，A 公司最后中标。

施工中无损检测发现甲供的高压管件焊缝存在缺陷，退货重供，延误施工 10 天，A 公司为保证总工期不变，加大投入，实施加班作业，最终如期完工。为此，A 公司向业主发出索赔意向书。

问题：

1. A 公司技术部门第一次提交的网络计划工期为多少天？以节点符号表示出关键线路。

2. 以不压缩各工序的工作时间为前提条件，画出重编的网络计划图。工期可缩短多少天？以节点符号表示出关键线路。以重编的网络计划为前提，如何再进一步缩短工期？

3. 发现高压管件不合格，A公司应如何处理？A公司索赔成立的条件是什么？

答案：

1.（本小题4.0分）

（1）计划工期为80＋60＋10＋10＋15＝175天。（2.0分）

（2）关键线路为①→③→④→⑤→⑥→⑦。（2.0分）

2.（本小题10.0分）

（1）重编的网络计划如图1—30所示。

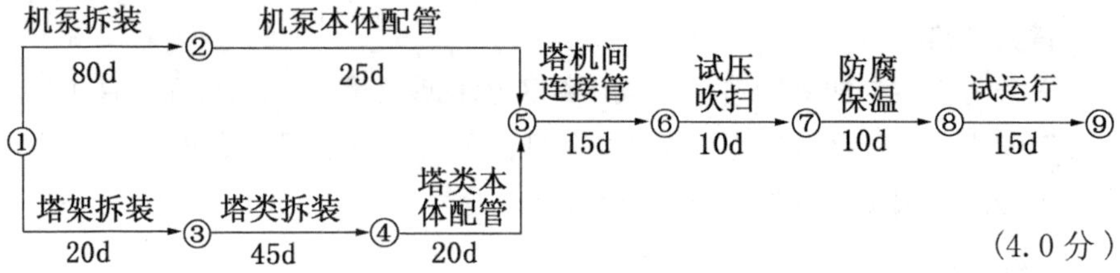

（4.0分）

图1—30

（2）计划工期为80＋25＋15＋10＋10＋15＝155天，缩短工期175－155＝20天（2.0分）

（3）关键线路为①→②→⑤→⑥→⑦→⑧→⑨。（2.0分）

（4）管道试压吹扫与管道、设备防腐保温两工作之间有搭接作业的可能；（1.0分）

考虑试运行不可预见因素多，试运行15d时间有压缩余地。（1.0分）

3.（本小题6.0分）

（1）将不合格的高压管件作不合格品的处理，及时退货。（3.0分）

（2）索赔成立应同时具备三个条件：该事件是对方当事人应承担的责任事件；事件已造成本方当事人的损失；按索赔程序及时提出了索赔。

（3.0分）

案例二十一：2009建筑（二）部分内容

背景资料

施工总承包单位与建设单位于2008年2月20日签订了某二十层综合办公楼施工合同。合同中约定：（1）人工单价为45元/工日；（2）一周之内非承包方原因停水、停电造成的停工累计达8h可顺延工期1d；（3）施工总承包单位须配有应急备用电源。

工程于 3 月 15 日开工，施工过程中发生下列事件。

事件 1：3 月 19 至 20 日遇罕见台风暴雨迫使基坑开挖暂停，造成人员窝工 20 工日，一台挖掘机陷于淤泥中。

事件 2：3 月 21 日施工总承包单位租赁一台塔式起重机（1500 元/台班）吊出陷于淤泥中的挖掘机（500 元/台班），并进行维修保养，导致停工 2d，3 月 23 日上午 8 时恢复基坑开挖工作。

事件 3：5 月 10 日上午地下室底板结构施工时，监理工程师口头紧急通知停工，5 月 11 日监理工程师发出因设计修改而暂停施工令；5 月 14 日施工总承包单位接到监理工程师要求 5 月 15 日复工的指令。期间造成人员窝工 300 工日。

事件 4：6 月 30 日地下室全钢模板吊装施工时，因供电局维修线路停工导致工程停工 8h。

针对事件 1 到事件 3，施工总承包单位及时向建设单位提出了工期和费用索赔。

问题：

1. 事件 1 到事件 3 中，施工总承包单位提出的工期和费用索赔是否成立？说明理由。

2. 事件 1 到事件 3 中，施工总承包单位可获得的工期和费用索赔各是多少？

3. 事件 4 中，施工总承包单位可否可以获得工期顺延？说明理由。

答案：

1. （本小题 7.0 分）

（1）事件 1：工期索赔成立，费用索赔不成立；（1.0 分）

因为遇罕见台风暴雨属于不可抗力事件，工期延误是业主应承担的风险责任，窝工费是施工单位应承担的风险责任。（2.0 分）

（2）事件 2：工期和费用索赔均不成立；（1.0 分）

因为遇罕见台风暴雨属于不可抗力事件，租赁的塔式起重机维修保养是施工单位应承担的风险责任。（1.0 分）

（3）事件 3：工期和费用索赔均成立；（1.0 分）

因为设计修改而暂停施工是业主应承担的责任事件。（1.0 分）

2. （本小题 4.0 分）

（1）工期索赔

事件 1：2d ；（0.5 分）

事件 2：0；（0.5 分）

事件 3：5d；（0.5 分）

合计：2＋5＝7d。（0.5 分）

（2）费用索赔

事件 1：0；（0.5 分）

事件 2：0；（0.5 分）

事件 3：5d；（0.5 分）

合计：300×45＝13500 元。（0.5 分）

3.（本小题 3.0 分）

可以获得工期顺延；（1.0 分）

因为根据合同约定：一周内非承包方原因停水、停电造成停工累计达 8h 可顺延工期 1d；供电局检修线路停电导致停工 8h 是非承包方应承担的责任事件。（2.0 分）

案例二十二：2009 建筑（五）部分内容

背景资料

某建筑工程施工进度计划网络图如图 1－31 所示。

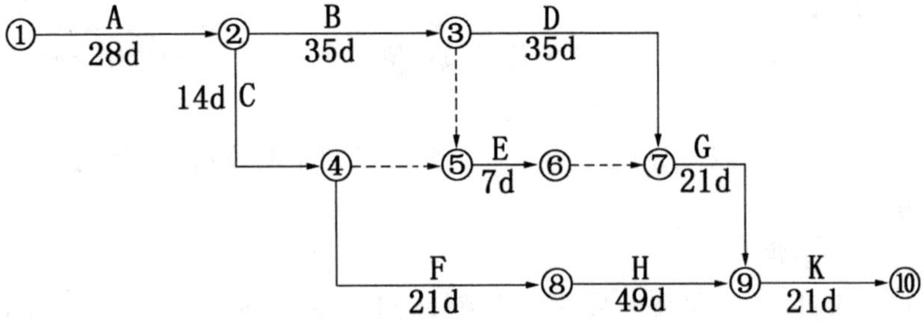

图 1－31

施工中发生了以下事件。

事件 1：A 工作因设计变更停工 10d。

事件 2：B 工作因施工质量问题返工，延长工期 7d。

事件 3：E 工作因建设单位供料延期，推迟 3d 施工。

在施工进展到第 120 天后，施工项目部对第 110 天前的部分工作进行了统计检查。统计数据如表 1－18 所示。

表 1—18

工作代号	计划完成工作预算成本 BCWS/万元	已完成工作量/(%)	实际发生成本 ACWP/万元	挣得值 BCWP/万元
1	540	100	580	
2	820	70	600	
3	1620	80	840	
4	490	100	490	
5	240	0	0	
合计				

问题：

1. 本工程计划总工期和实际总工期各为多少天？
2. 施工总承包单位可否就事件 1 至事件 3 获得工期索赔？分别说明理由。
3. 列式计算截止到第 110 天的合计 BCWS、ACWP、BCWP。
4. 计算第 110 天的成本偏差 CV 值，并做 CV 值结论分析。
5. 计算第 110 天的进度偏差 SV 值，并做 SV 值结论分析。

答案：

1. （本小题 6.0 分）

（1）经计算得知：原计划关键线路为 A—B—D—G—K； （2.0 分）

所以计划总工期＝28＋35＋35＋21＋21＝140 天。 （1.0 分）

（2）经计算得知：实际关键线路仍为 A—B—D—G—K； （2.0 分）

所以计划总工期＝（28＋10）＋（35＋7）＋35＋21＋21＝157 天。

（1.0 分）

2. （本小题 7.0 分）

（1）事件 1 能够获得工期索赔； （0.5 分）

因为设计变更是业主应承担的责任事件，并且 A 工作是关键工作。

（2.0 分）

（2）事件 2 不能获得工期索赔； （0.5 分）

因为施工质量问题返工是施工单位应承担的责任事件。 （0.5 分）

（3）事件 3 不能获得工期索赔； （0.5 分）

因为尽管建设单位供料延期是业主应承担的责任事件，但 E 工作是非关键工作，其总时差为 28 天，推迟 3d 施工未超过其总时差，对工期没有影响。

（3.0 分）

3. （本小题 4.0 分）

（1）BCWS ＝540＋820＋1620＋490＋240＝3710 万元； （1.0 分）

（2）ACWP ＝580＋600＋840＋490＝2510 万元；　　（1.0 分）

（3）BCWP ＝540×100％＋820×70％＋1620×80％＋490×100％＋240×0＝2900 万元。　　（2.0 分）

4.（本小题 4.0 分）

CV＝BCWP－ACWP＝2900－2510＝390 万元；　　（2.0 分）

成本偏差为正，说明成本节约 390 万元。　　（2.0 分）

5.（本小题 4.0 分）

SV＝BCWP－BCWS＝2900－3710＝－810 万元；　　（2.0 分）

进度偏差为负，说明进度延误 810 万元。　　（2.0 分）

案例二十三：2009 水利（一）

背景资料

某水闸施工合同上游连接段分部工程施工计划及各项工作的合同工程量和单价（钢筋混凝土工程为综合单价）如图 1—32 所示。合同约定：

（1）预付款为合同价款的 10％，开工前支付，从第 1 个月开始每月平均扣回。

（2）保留金自第 1 个月起按每月工程进度款的 5％扣留。

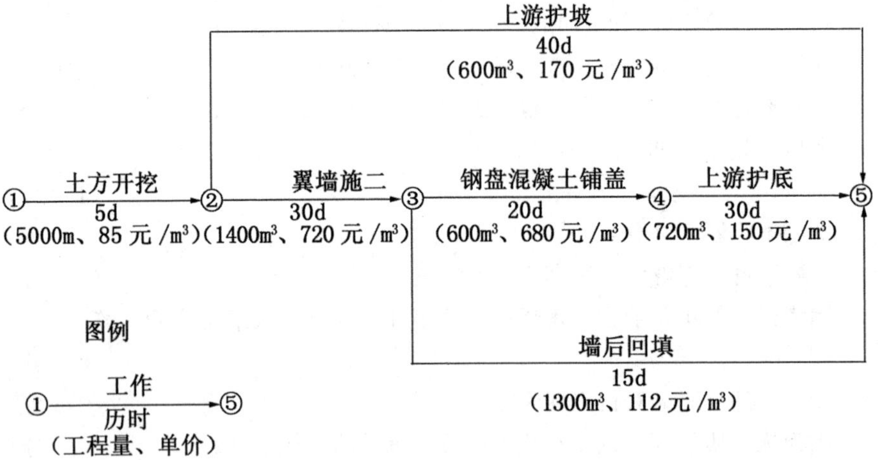

图 1—32

施工中发生以下事件。

事件 1：土方开挖时发现上游护底地基为软弱土层，需进行换土处理。经协商确定，增加的“上游护底换土”是“土方开挖”的紧后工作、“上游护底”的紧前工作，其工作量为 1000m^3，单价为 22.5 元/m^3（含开挖、回填），时间为 10d。

事件 2：在翼墙浇筑前，为保证安全，监理单位根据有关规定指示承包人架设安全网一道，承包人为此要求增加临时设施费用。

问题：

1. 计算工程预付款额及新增“上游护底换土”后合同总价。

2. 若除了增加的“上游护底换土”工作外，其他工作的实际工程量与合同工程量一致，各项工作均以最早时间开工，且均匀施工，工程第 1 天开工后每月以 30 天计，计算第 2 个月的工程进度款、预付款扣还、保留金扣留和实际支付款。

3. 施工单位提出的增加临时设施费的要求是否合理？为什么？

（单位为元，保留两位小数）

答案：

1. （本小题 4.0 分）

（1）原合同总价：5000×8.5＋600×170＋1400×720＋600×680＋1300×11.2＋720×150＝1683060.00 元。（1.0 分）

（2）预付款：1683060×10%＝168306.00 元。（1.0 分）

（3）新合同总价：1683060＋1000×22.5＝1705560.00 元。（2.0 分）

【评分准则：计算正确，单位以“万元”计者，每项得 1 分】

2. （本小题 8.0 分）

（1）上游护坡第 2 个月作业时间：5＋40－30＝15 天；

进度款：600×170×（15÷40）＝38250.00 元。

（2）翼墙施工第 2 个月作业时间：5＋30－30＝5 天；

进度款：1400×720×（5÷30）＝168000.00 元。

（3）钢筋混凝土铺盖第 2 个月作业时间：20 天；

进度款：600×680＝408000.00 元。

（4）上游护底第 2 个月作业时间：60－5－30－20＝5 天；

进度款：720×150×（5÷30）＝18000.00 元。

（5）墙后回填第 2 个月作业时间：15 天；

进度款：1300×11.2＝14560.00 元。

工程进度款：38250＋168000＋408000＋18000＋14560＝646810.00 元。（2.0 分）

预付款扣还：168306÷3＝56102.00 元。（2.0 分）

保留金扣留：646810×5%＝32340.50 元。（2.0 分）

应支付款：646810－56102－32340.50＝558367.50 元。（2.0 分）

【评分准则：计算正确，单位以“万元”计者，每项得 1 分】

3.（本小题 4.0 分）

（1）不合理。（2.0 分）

（2）因为保证施工安全是施工单位应承担的责任，各类临时设施费和各类保证施工安全的措施均包含在合同价内。（2.0 分）

案例二十四：2009 水利（二）

津江水电站工程流道混凝土施工中，施工单位为了便于进度检查与调整，编制了双代号时标网络图如图 1—33 所示。

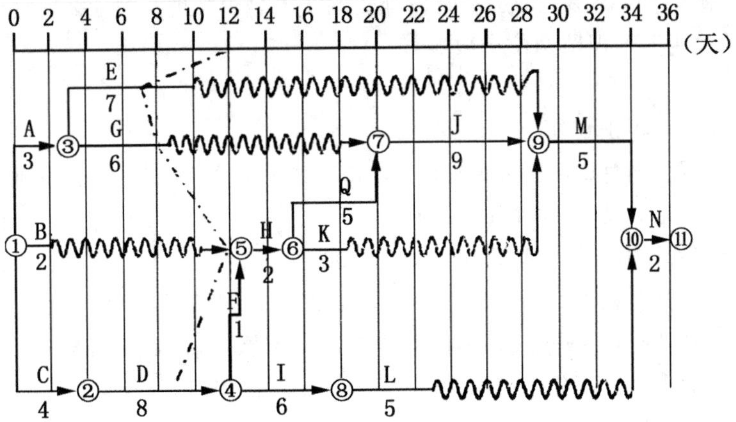

图 1—33

施工过程中发生如下事件。

事件 1：项目部第 12 天末组织了进度检查，检查结果以进度前锋线表示在上图中。

事件 2：为了便于进度调整，项目部组织技术人员对可压缩工作的最短工作时间及赶工费用进行了全面分析，结果如表 1—19 所示。

表 1—19

工作名称		钢筋制作	模板制作	钢筋安装	模板安装	埋件安装
工作代码	…	Q	I	J	L	M
计划时间（天）		5	6	9	5	5
最短时间（天）		4	5	7	4	2
赶工费用（万元/天）		6	1	2	1	3

问题：

1. 指出该网络图的关键线路，说明 L（⑧→⑩）实线和波浪线长度各表示的含义。

2. 根据图示进度前锋线，说明进度检查时 D、E、G 三项工作已完成多少天工作量、推迟或提前天数以及对计划工期的影响。

3. 发包人要求工程按计划完工，在不改变逻辑关系的前提下，分析并指出最优调整方案及增加的总费用。

答案：

1. （本小题 6.0 分）

（1）关键线路 C→D→F→H→Q→J→M→N（或用节点表示）。（2.0 分）

（2）工作 L 实线长度表示 L 工作的计划持续时间为 5 天。（1.0 分）

（3）波浪线长度表示 L 工作与 N 工作之间的时间间隔为 11 天；同时表示 L 工作的自由时差为 11 天；也表示 L 工作的总时差为 11 天。（3.0 分）

2. （本小题 9.0 分）

D 工作

（1）已完成 5 天工作量。（1.0 分）

（2）推迟 3 天。（1.0 分）

（3）影响计划工期 3 天。（1.0 分）

E 工作

（1）已完成 4 天工作量。（1.0 分）

（2）推迟 5 天。（1.0 分）

（3）不影响工期。（1.0 分）

G 工作

（1）已完成 5 天工作量。（1.0 分）

（2）推迟 4 天。（1.0 分）

（3）不影响工期。（1.0 分）

3. （本小题 5.0 分）

（1）压缩 J 工作 2 天，工期缩短 2 天，增费最少 2×2=4 万元。（1.0 分）

（2）压缩 M 工作 1 天，工期缩短 1 天，增费最少 1×3=3 万元。（1.0 分）

优调整方案：压缩 J 工作 2 天，压缩 M 工作 1 天。（2.0 分）

增加的总费用为 7 万元。（1.0 分）

案例二十五：2009 公路（四）

背景资料

某二级公路的主要工序如表 1—20 所示。

表 1—20

工作代号	工作名称	备注
A	施工准备	
B	路基土石方开挖	其中部分石方需爆破施工
C	挡墙基坑开挖	
D	涵洞施工	
E	桥梁基础施工	钻孔灌注桩基础
F	上边坡防护工程施工	分 5 级，平均高 40m
……	……	……

施工单位编制了网络计划，如图 1—34 所示。

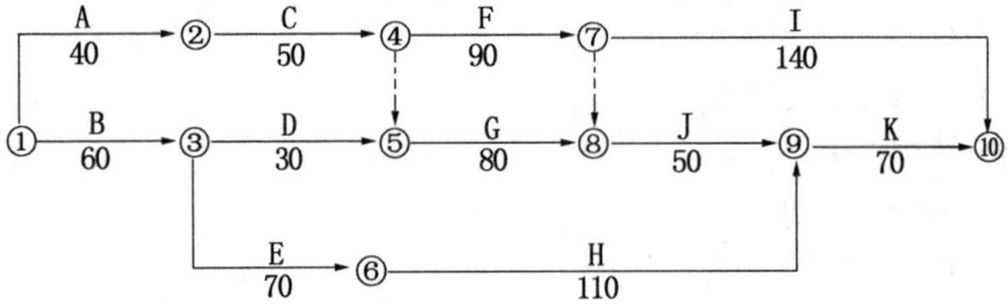

图 1—34

施工中发生了如下事件。

事件 1：由于施工单位设备故障，导致 C 工作中断 4 天。

事件 2：由于百年一遇的冰雪灾害，导致 D 工作晚开工 15 天。

事件 3：由于图纸晚到，导致 E 工作停工 10 天。

针对上述事件中的暂停施工，施工单位在合同规定时间内向监理提出了延期申请和费用索赔的要求。合同约定，成本损失费为人民币 1.5 万元/天，利润损失费为人民币 0.2 万元/天。

问题：

1. 计算图示网络工期，并指出关键线路。

2. 针对背景中的网络计划，分别分析 C、D、E 工作工期索赔和费用索赔的合理性。

3. 计算可索赔的费用。

4. 结合背景，分析施工单位应编制哪些安全生产专项施工方案。

答案：

1.（本小题 4.0 分）

（1）计算工期：40＋50＋90＋140＝320 天。（2.0 分）

（2）关键线路：A—C—F—I。（2.0 分）

2.（本小题 11.0 分）

（1）C 工作的工期索赔和费用索赔均不合理；（1.0 分）

因为施工单位设备故障是施工单位应承担的责任事件。（1.0 分）

（2）D 工作的工期索赔和费用索赔均不合理；（1.0 分）

因为百年一遇的冰雪灾害属于不可抗力事件，停工损失是施工单位应承担的责任，工期损失是业主应承担的责任，但 D 工作为非关键工作，其总时差为 30 天，晚开工 15 天未超出其总时差，对工期没有影响。（4.0 分）

（3）E 工作的工期索赔不合理，但费用索赔均合理；（1.0 分）

因为图纸晚到是业主应承担的责任，但 E 工作为非关键工作，其总时差为 10 天，停工 10 天未超出其总时差，对工期没有影响。（3.0 分）

3.（本小题 1.0 分）

10×（1.5＋0.2）＝17 万元。（1.0 分）

4.（本小题 4.0 分）

（1）应编制路基土石方开挖工程施工安全生产专项施工方案。

（2）应编制挡墙基坑开挖工程施工安全生产专项施工方案。

（3）应编制桥梁基础施工工程施工安全生产专项施工方案。

（4）应编制上边坡防护工程施工安全生产专项施工方案。

案例二十六：2009 矿山（四）

背景资料

某施工单位承担了一项矿井工程的地面土建施工任务。工程开工前，项目经理部编制了项目管理实施规划并报监理单位审批，监理工程师审查后，建议施工单位通过调整个别工序作业时间的方法，将选矿厂的施工进度计划，如图 1—35 所示，工期控制在 210 天内。

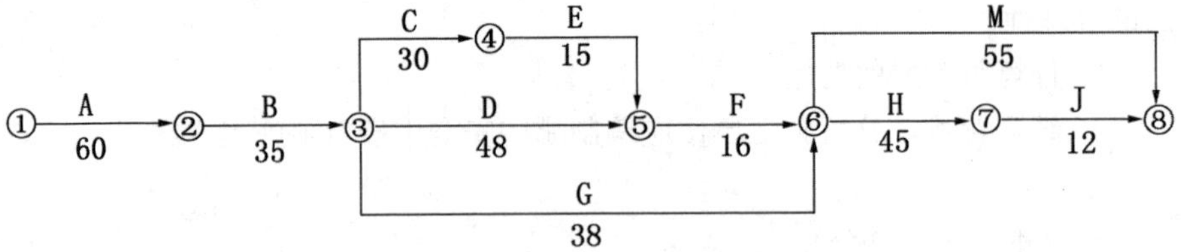

图 1—35

施工单位通过工序和成本分析，得出 C、D、H 三个工序的作业时间可通过增加投入的方法予以压缩，其余工序作业时间基本无压缩空间或赶工成本太高。其中 C 工序作业时间最多可缩短 4 天，每缩短 1 天增加施工成本 6000 元；D 工序最多可缩短 6 天，每缩短 1 天增加施工成本 4000 元；H 工序最多可缩短 8 天，每缩短 1 天，增加施工成本 5000 元。经调整，选矿厂房的施工进度计划满足了监理单位的工期要求。

施工过程中，由于建设单位负责采购的设备不到位，使 G 工序比原计划推迟了 25 天才开始施工。

工程进行到第 160 天时，监理单位根据建设单位的要求下达了赶工指令，要求施工单位将后续工期缩短 5 天。施工单位改变了 M 工序的施工方案，使其作业时间压缩了 5 天，由此增加施工成本 80000 元。

工程按监理单位要求工期完工。

问题：

1. 指出选矿厂房的初始进度计划的关键工序，并计算工期。

2. 根据工期一成本优化原理，施工单位应如何调整进度计划使工期控制在 210 天内？调整工期所增加的最低成本为多少元？

3. 对于 G 工序的延误，施工单位可否提出多长时间的工期索赔？说明理由。

4. 监理单位下达赶工指令后，施工单位应如何调整后序三个工序的作业时间？

5. 针对监理单位的赶工指令，施工单位可提出多少费用索赔？

答案：

1. （本小题 5.0 分）

（1）关键工作：A、B、D、F、H、J。（3.0 分）

（2）计算工期：60＋35＋48＋16＋45＋12＝216 天。（2.0 分）

2. （本小题 13.0 分）

（1）调整目标：216－210＝6 天。（1.0 分）

（2）压缩 D 工作 3 天，工期缩短 3 天，增费最少 4000×3＝12000 元。（2.0 分）

（3）在压缩 D 工作 3 天的基础上，压缩 H 工作 2 天，工期缩短 2 天，增

费最少 5000×2=10000 元。（2.0分）

（4）在压缩 D 工作 3 天、压缩 H 工作 2 天的基础上，同时压缩 D 工作和 C 工作各 1 天，工期缩短 1 天，增费最少 4000+6000=10000 元。

（4.0分）

调整方案：压缩 D 工作 4 天，压缩 C 工作 1 天，压缩 H 工作 2 天。

（2.0分）

调整工期所增加的最低成本：12000+10000+10000=32000 元。

（2.0分）

3.（本小题 5.0 分）

（1）可以提出工期索赔的要求。（1.0分）

（2）因为建设单位负责采购的设备不到位是建设单位应承担的责任，并且 TF_G=22 天，推迟 25 天超过了其总时差，影响工期 25－22=3 天。

（4.0分）

4.（本小题 5.0 分）

（1）M 工作压缩 5 天，增加费用 80000 元。（2.0分）

（2）H 工作压缩 5 天，增加费用 5000×5=25000 元。（2.0分）

（3）J 工作无须压缩。（1.0分）

5.（本小题 2.0 分）

费用索赔：80000+25000=105000 元。（2.0分）

案例二十七：2010 建筑（一）

背景资料

某办公楼工程，地下一层，地上十层，现浇钢筋混凝土框架结构，预应力管桩基础。建设单位与施工总承包单位签订了施工总承包合同，合同工期为 29 个月。按合同约定，施工总承包单位将预应力管桩工程分包给了符合资质要求的专业分包单位。施工总承包单位提交的施工总进度计划如图 1－36 所示（时间单位：月），该计划通过了监理工程师的审查和确认。

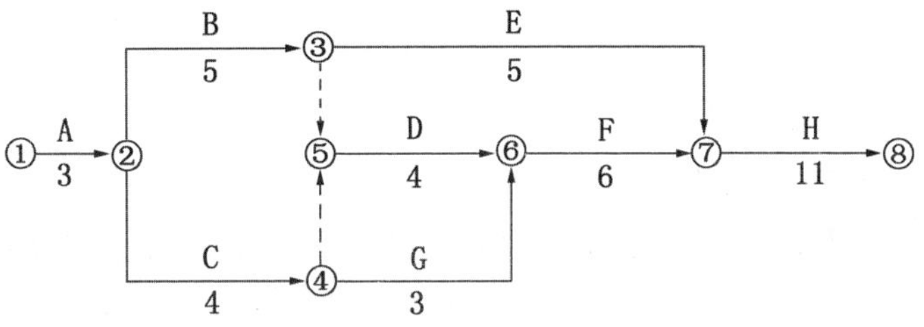

图 1－36

合同履行过程中，发生了如下事件。

事件1：专业分包单位将管桩专项施工方案报送监理工程师审批，遭到了监理工程师拒绝。在桩基施工过程中，由于专业分包单位没有按设计图纸要求对管桩进行封底施工，监理工程师向施工总承包单位下达了停工令，施工总承包单位认为监理工程师应直接向专业分包单位下达停工令，拒绝签收停工令。

事件2：在工程施工进行到第7个月时，因建设单位提出设计变更，导致G工作停止施工1个月。由于建设单位要求按期完工，施工总承包单位据此向监理工程师提出了赶工费索赔。根据合同约定，赶工费标准为18万元/月。

事件3：在H工作开始前，为了缩短工期，施工总承包单位将原施工方案中H工作的异节奏流水施工调整为成倍节拍流水施工。原施工方案中H工作异节奏流水施工横道图如图1—37所示（时间单位：月）。

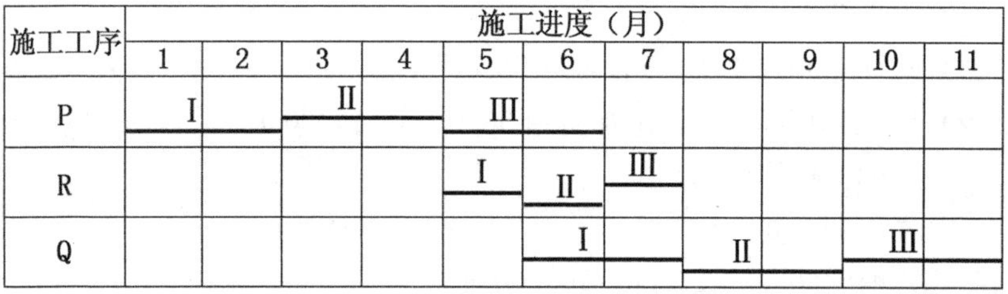

图1—37

问题：

1. 施工总承包单位计划工期能否满足合同工期要求？为保证工程进度目标，施工总承包单位应重点控制哪条施工线路？

2. 事件1中，监理工程师及施工总承包单位的做法是否妥当？分别说明理由。

3. 事件2中，施工总承包单位可索赔的赶工费为多少万元？说明理由。

4. 事件3中，流水施工调整后，H工作相邻工序的流水步距为多少个月？工期可缩短多少个月？绘制出调整后H工作的施工横道图，如图1—38所示。

答案：

1.（本小题5.0分）

（1）经计算，关键线路为A—B—D—F—H，计算工期为5+3+4+6+11=29个月，合同工期也为29个月，所以计划工期能够满足合同工期的要求。（3.0分）

（2）应重点控制关键线路：A—B—D—F—H（2.0分）

【评分说明：或①—②—③—⑤—⑥—⑦—⑧】

2. （本小题 5.0 分）

（1）监理工程师做法妥当，因为专业分包单位与建设单位没有合同关系，分包单位不得与建设单位和监理单位发生工作联系。（2.0 分）

（2）施工总承包单位做法不妥当，因为专业分包单位与建设单位没有合同关系，专业分包单位与总包单位有合同关系，而总包单位与建设单位有合同关系，并且总包单位应对分包工程质量承担连带责任，所以总包单位不应拒绝签收停工令。（3.0 分）

3. （本小题 4.0 分）

施工总承包单位不能提出赶工费的索赔；（1.0 分）

因为尽管设计变更是建设单位应承担的责任事件，但 G 工作为非关键工作，其总时差为 2 个月，停工 1 个月，没有超过其总时差，不影响工期。

（3.0 分）

4. （本小题 6.0 分）

（1）流水步距：取各流水节拍的最大公约数，K=1 月。（1.0 分）

（2）工期缩短：

①K=1 月；

② $n'=2/1+1/1+2/1=5$ 个专业队；（0.5 分）

③ $T=(n'-1+m)\times K+\sum j-\sum C=(5-1+3)\times 1=7$ 个月；

（0.5 分）

工期缩短：11−7=4 个月。（1.0 分）

（3）绘图（3.0 分）

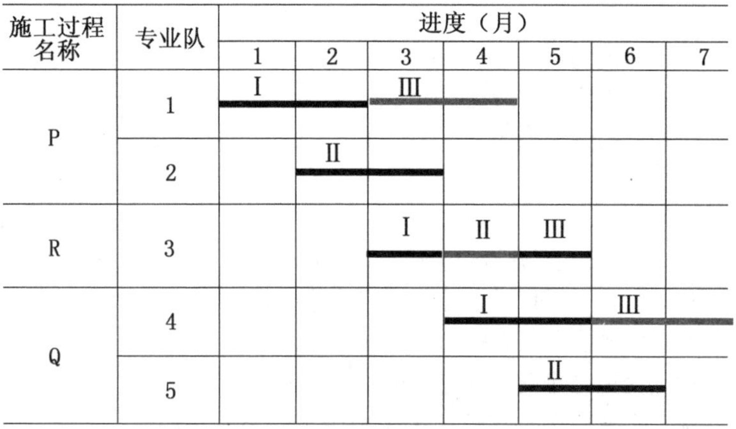

图 1—38

案例二十八：2011 建筑（二）

背景资料

某办公楼工程，建筑面积 18500m^2，现浇钢筋混凝土框架结构，片筏基础。该工程位于市中心，场地狭窄，开挖土方需外运至指定地点。建设单位通过公开招标方式选定了施工总承包单位和监理单位，并按规定签订了施工总承包合同和监理合同。施工总承包单位进场后按合同要求提交了施工总进度计划如图 1—39 所示（时间单位：月），并经监理工程师审查和确认。

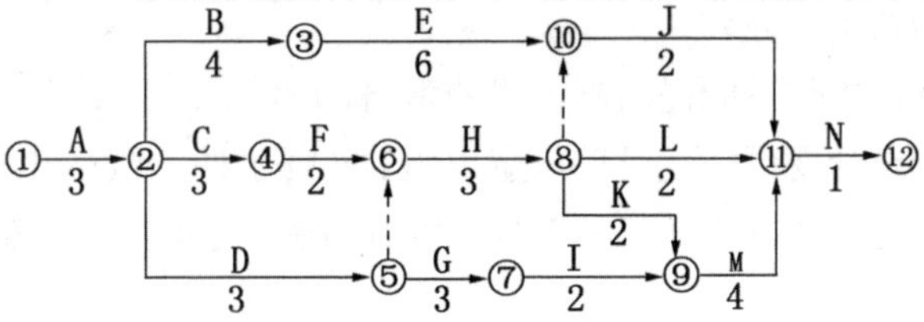

图 1—39

合同履行过程中，当施工进行到第 5 个月时，因建设单位要求设计变更导致工作 B 延期 2 个月，造成施工总承包单位施工机械停工损失费 13000 元和施工机械操作人员窝工费 2000 元。施工总承包单位提出了一项工期索赔和两项费用索赔。

问题：

1. 施工总承包单位提交的施工总进度计划的工期是多少个月？指出该工程总进度计划的关键线路（以节点编号表示）。

2. 上述事件中，施工总承包单位的三项索赔是否成立？分别说明理由。

答案：

1.（本小题 4.0 分）

（1）经计算关键线路为 A—C—F—H—K—M—N；

所以计算工期为 3＋3＋2＋3＋2＋4＋1＝18 个月。（2.0 分）

（2）经计算关键线路为⑴—⑵—⑷—⑹—⑻—⑼—⑾—⑿（2.0 分）

2.（本小题 7.0 分）

（1）工期索赔不成立；（1.0 分）

因为尽管设计变更是建设单位应承担的责任事件，但 B 工作为非关键工作，其总时差为 2 个月，延期 2 个月未超出其总时差，不影响工期。（2.0 分）

（2）施工机械停工损失费 13000 元索赔成立；（1.0 分）

因为设计变更是建设单位应承担的责任事件。（1.0 分）

（3）施工机械操作人员窝工费 2000 元索赔不成立；（1.0 分）

因为施工机械停工损失费已经包含了操作人员的窝工费。（1.0 分）

第二章　流水施工

第一节　流水施工核心考点

流水施工看似简单，不就是画横道图嘛，实际上并不是这样。流水施工要按知识体系的方法去掌握，从概念源出发，到画出图形为止，依次历经四个环节。

一、两组概念

1. 基本概念

(1) 施工的组织方式

某层钢筋混凝土楼板如何组织施工，这是流水施工的上位概念。

施工的组织方式可概况为三种：依次施工、平行施工、流水施工。

依次施工和平行施工均不能形成专业队施工，而非专业队施工存在两个致命缺陷：效率低和质量差。让模板工去绑钢筋是什么效果？而如果专业队只干本专业的工作，那么在依次施工和平行施工的组织方式中，模板工支完模板就只能等待着钢筋工程和混凝土工程完成后，再去支上一层的模板，这就造成大量的停工等待时间。

流水施工从根本上解决了这两个问题，流水施工的本质特征是专业队连续施工，也就是说任何一个专业队一经进入工作面，中间不间断，直到本专业工作的完成为止。

流水施工的前提条件是把工程或工程的某一个部位在平面上分成若干个组织施工的段落，在立面上分成若干个施工的层次，这就是人为的把工程或工程的某一个部位划分为施工段和施工层，因为只有“批量”才能组织流水。

(2) 施工过程

在组织流水施工时，施工过程是个狭义的概念，特指工艺过程。施工过程的认定标准是先后次序不能颠倒，也就是说施工过程是特指先干什么、后干什么的工作过程。

施工过程的个数称之为施工过程数，用 n 表示。绘制流水施工横道图时，施工过程由上到下依次排列。

(3) 专业队

专业队是指只干本专业工作的施工队，也就是只完成本专业施工过程的专业班组。那么，专业队和施工过程存在什么对应关系呢？简单来说，专业队是为了完成本专业施工过程而组建的，所以一个施工过程至少应组建一个专业队。

专业队组建的个数称之为专业队数，因专业队数与施工过程数存在某种定量关系，故用 n' 表示。

(4) 施工段

施工段就是人为的把工程或工程的某一个部位划分为组织施工的段落。如果说施工过程是个先后次序不能颠倒的工艺过程概念，那么，施工段就是一个人为划分的空间概念。

施工段的个数简称施工段数，用 m 表示。施工段数与施工过程数存在某种制约关系，但一建不考。

2. 参数概念

流水参数三大类：工艺参数、空间参数、时间参数。工艺参数的主参是施工过程，空间参数的主参是施工段，上面均已交代。现在依次讲解流水施工的时间参数：三主两辅助。

(1) 流水节拍 t

每一个专业队在每一个施工段上的作业时间，考生不能把它看成一个数，而是一堆数。

流水节拍是个节拍矩阵的概念，考题中一经出现流水节拍，考生立即形成节拍矩阵。

(2) 流水步距 k

相邻的两个专业队进入工作面的最小的时间间隔，"最小"的含义是在满足连续施工的条件下相继开工的时间间隔最小，"相邻的两个专业队"是指紧前紧后两个专业队。

流水步距两定量，一是步距的个数与专业队数的关系，二是步距的大小取决于流水类型和流水节拍。流水步距是确定流水工期的关键性的第一环节。

(3) 流水工期 T

从第一个施工过程开始到最后一个施工过程完成的整个作业时间。流水工期的大小取决于四个要素，考生必须通过画图理解到位，而不能死记硬背。

(4) 插入时间 c

在按流水规则计算流水步距的前提下，某一专业队提前进入工作面的时间。提前插入时间的实质是流水步距的减小，但在计算流水工期时，只需按正常情况计算流水工期后，减去各个提前插入时间。

(5) 间歇时间 j

间歇时间与插入时间正好相反，因技术、工艺、组织等要求的暂停时间，其实质是流水步距的增大，同时使流水工期延长。

二、四类流水

在两组概念的基础上，通过分类形成四大类流水施工的类型。

1. 第一层次划分

根据流水节拍是否有规律可循，流水施工首先划分为有节奏流水和无节奏流水。无节奏流水不再细分，可定义为第二类流水，先行出世。

2. 第二层次划分

根据流水节拍的特点，有节奏流水细分为等节奏流水和异节奏流水。

(1) 等节奏流水施工是指在横向上同一个施工过程的流水节拍相等，在纵向上不同施工过程的流水节拍也相等，也就是说等节奏流水施工的流水节拍是一个常数，所以等节奏流水施工又称固定节拍流水施工。

考生注意：考题中概念无常。等节奏流水不再细分，可定义为第一类流水。

(2) 异节奏流水施工是指在横向上同一个施工过程的流水节拍相等，在纵向上不同施工过程的流水节拍不尽相同。因为各个流水节拍至少都是 1 的倍数，所以异节奏流水施工又称成倍节拍流水施工。

3. 第三层次划分

异节奏流水施工再次细分为非加快的异节奏流水和加快的异节奏流水。

(1) 非加快的异节奏流水施工是指一个施工过程由一个专业队完成，即 $n=n'$。非加快的异节奏流水施工因流水步距一般不相等，故又称异步距异节奏流水施工。非加快的异节奏流水施工定义为第三类流水施工。

(2) 加快的异节奏流水施工是通过对流水节拍较大的施工过程增加专业队，达到缩短流水工期的目的。在加快的异节奏流水施工中，因流水步距均相等，故又称等步距异节奏流水施工。加快的异节奏流水施工定义为第四类流水施工。

三、四个工期

流水工期的计算取决于四大类流水各自的特点。

1. 等节奏流水工期

(1) t 的特点：一个常数矩阵。

(2) k 的特点：等于流水节拍。

(3) n′的特点：n′=n，即每一个施工过程组建一个专业队。

$T=(n'-1)t+mt+\sum j-\sum c$

2. 无节奏流水工期

(1) t 的特点：没有规律可循的矩阵。

(2) k 的特点：大差法取得—累加节拍成数列、错位相减取大差。

(3) n′的特点：n′=n，即每一个施工过程组建一个专业队。

$T=\sum k+\sum t_n+\sum j-\sum c$

3. 非加快的距异节奏流水工期

(1) t 的特点：横等纵不等矩阵。

(2) k 的特点：大差法取得。

(3) n′的特点：n′=n，即每一个施工过程组建一个专业队。

$T=\sum k+\sum t_n+\sum j-\sum c$

4. 等步距异节奏流水工期

(1) t 的特点：横等纵不等矩阵。

(2) k 的特点：流水步距相等，且等于流水节拍的最大公约数。

(3) n′的特点：n′>n，每一个施工过程均按 t/k 组建专业队。

$T=(n'-1)k+mk+\sum j-\sum c$

四、四张图形

考生在学习过程中，要边画图边理解上述相关内容，四张流水横道图必须到位。横道图实质就是纵坐标向下的直角坐标系，横道图进度计划就是安排每一个施工过程的开始时间和完成时间，流水横道图进度计划就是安排每一个施工过程的每一个施工段什么时刻开始时间和什么时刻完成时间，最终确定流水工期。

第二节　流水施工经典考题

案例一：无节奏流水

某分项工程包含依次进行的甲、乙、丙三个施工过程，每个施工过程划分成四个施工段组织流水施工，三个施工过程的流水节拍如表 2－1 所示。为了缩短工期，项目经理部的进度控制部门安排乙施工过程提前一天开工。按施工质量验收规范的规定，乙施工过程的每个施工段完成后至少要养护两天，才能进行丙施工过程的相应施工段施工。

表 2－1

施工过程 / 施工段	甲过程	乙过程	丙过程
施工段一	2	3	4
施工段二	4	2	2
施工段三	3	3	1
施工段四	2	3	3

问题：

1. 该分项工程应采用哪种流水施工的类型组织施工？说明原因。

2. 甲、乙、丙三个施工过程之间的流水步距分别为多少天？

3. 试计算该分项工程的流水工期。

4. 绘制该分项工程的流水施工横道图。

答案：

1. 该分项工程应采用无节奏流水施工的类型组织施工。

因为该分项工程的同一个施工过程流水节拍不相等，不同施工过程的流水节拍也不相等，流水节拍没有规律可循。

2. 两个流水步距

（1）甲和乙

	2	6	9	11	
—)		3	5	8	11
	2	3	4	3	−11

$k_{甲、乙}=4$ 天

实际 $k_{甲、乙}=4-1=3$ 天

(2) 乙和丙

$$
\begin{array}{rrrrrr}
 & 3 & 5 & 8 & 11 & \\
-) & & 4 & 6 & 7 & 10 \\
\hline
 & 3 & 1 & 2 & 4 & -10
\end{array}
$$

$k_{乙、丙}=4$ 天

实际 $k_{乙、丙}=4+2=6$ 天

3. $T=\sum k+\sum t_n+\sum j-\sum c=(4+4)+(4+2+1+3)+2-1=19$ 天

4. 流水施工横道图如图 2—1 所示。

图 2—1

案例二：2007 公路（五）部分内容

背景资料

某施工单位承接了一座 4×20m 简支梁桥工程。桥梁采用扩大基础，墩身平均高 10m。项目为单价合同，且全部钢筋由业主提供，其余材料由施工单位自采或自购。

项目部拟就 1 号～3 号排架组织流水施工，各段流水节拍如表 2—2 所示。

表 2—2

	1＃排架	2＃排架	3＃排架
A 基础施工	10	12	15
B 墩身施工	15	20	15
C 盖梁施工	10	10	10

（注：表中排架由基础、墩身和盖梁三部分组成）

根据施工组织和技术要求，基础施工完成后至少 10 天才能施工墩身。

施工期间，施工单位准备开始墩身施工时，由于供应商的失误，将一批不合格的钢筋运到施工现场，致使墩身施工推迟了 10 天开始，承包商拟就

此向业主提出工期和费用索赔。

问题：

1. 列式计算流水工期。

2. 绘制流水施工横道图。

3. 针对上述事件，承包商是否可以提出工期和费用索赔？说明理由。

答案：

1.（本小题共 8.0 分）

（1）A 和 B 的流水步距

	10	22	37		
—）		15	35	50	（2.0 分）
	10	7	2	—50	

名义 $K_{A,B}$ = max｛10，7，2，—50｝=10 天　（1.0 分）

实际 $K_{A,B}$=10+10=20 天

（2）B 和 C 的流水步距

	15	35	50		
—）		10	20	30	（2.0 分）
	15	25	30	—30	

名义 $K_{B,C}$= max｛15，25，30，—30｝=30 天　（1.0 分）

实际 $K_{B,C}$=30 天

（3）$T=\sum k+\sum t_n+\sum j-\sum c=(10+30)+(10+10+10)+10=80$ 天

（2.0 分）

2. 流水施工横道图如图 2—2 所示。（本小题共 5.0 分）

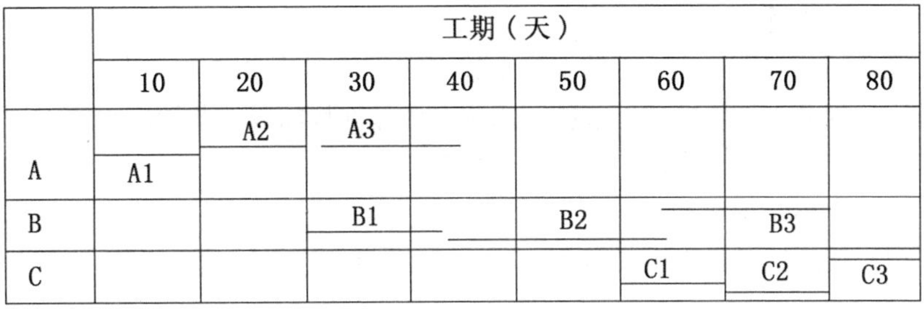

图 2—2

3.（本小题共 3.0 分）

可以提出工期和费用索赔；　（1.0 分）

因为全部钢筋由业主提供，钢筋不合格是业主应承担的责任。（2.0 分）

案例三：2012 建筑（一）部分内容

背景资料

某大学城工程，包括结构形式与建筑规模一致的四栋单体建筑，每栋建筑面积为 21000m²，地下 2 层，地上 18 层，层高 4.2m，钢筋混凝土框架—剪力墙结构。

合同履行过程中，A 施工单位拟对四栋单体建筑的某分项工程组织流水施工，其流水施工参数如表 2—3 所示。

表 2—3

施工过程	流水节拍（单位：周）			
	单体建筑一	单体建筑二	单体建筑三	单体建筑四
Ⅰ	2	2	2	2
Ⅱ	2	2	2	2
Ⅲ	2	2	2	2

其中：施工过程Ⅱ与施工过程Ⅲ之间存在工艺间隔时间 1 周。

问题：

1. 根据上述流水施工参数，该工程最适宜采用何种流水施工组织形式？

2. 除此之外，流水施工通常还有哪些基本组织形式？

3. 绘制流水施工进度计划横道图，并计算流水施工工期。

答案：

1.（本小题 1.0 分）

该工程最适宜采用等节奏流水施工形式。（1.0 分）

2.（本小题 2.0 分）

还包括的基本形式：无节奏流水施工、异节奏流水施工，其中异节奏流水施工又细分为加快的成倍节拍流水施工和非加快的成倍节拍流水施工。

（2.0 分）

3.（本小题 4.0 分）

（1）流水施工横道图如图 2—3 所示，绘图。（3.0 分）

施工单位 / 施工过程	施工进度（周）												
	1	2	3	4	5	6	7	8	9	10	11	12	13
Ⅰ	单体一		单体二		单体三		单体四						
Ⅱ			单体一		单体二		单体三		单体四				
Ⅲ						单体一		单体二		单体三		单体四	

图 2—3

（2）流水工期：$n=n'=3$ 个；$m=4$ 个；$t=2$ 天；$K=t=2$ 天；

$T=(n'-1)\times K+mt+\sum j=(3-1)\times 2+4\times 2+1=13$ 周。（1.0 分）

【评分准则：施工过程Ⅰ、Ⅱ、Ⅲ的横道线与时间的对应关系，每错一处扣 1 分；单体一、单体二、单体三、单体四表示为①、②、③、④的不扣分。】

第三章 成本管理

第一节 成本管理核心考点

（建标【2013】44号）计算【定义、定项、定量】

1. 建筑安装工程费用组成

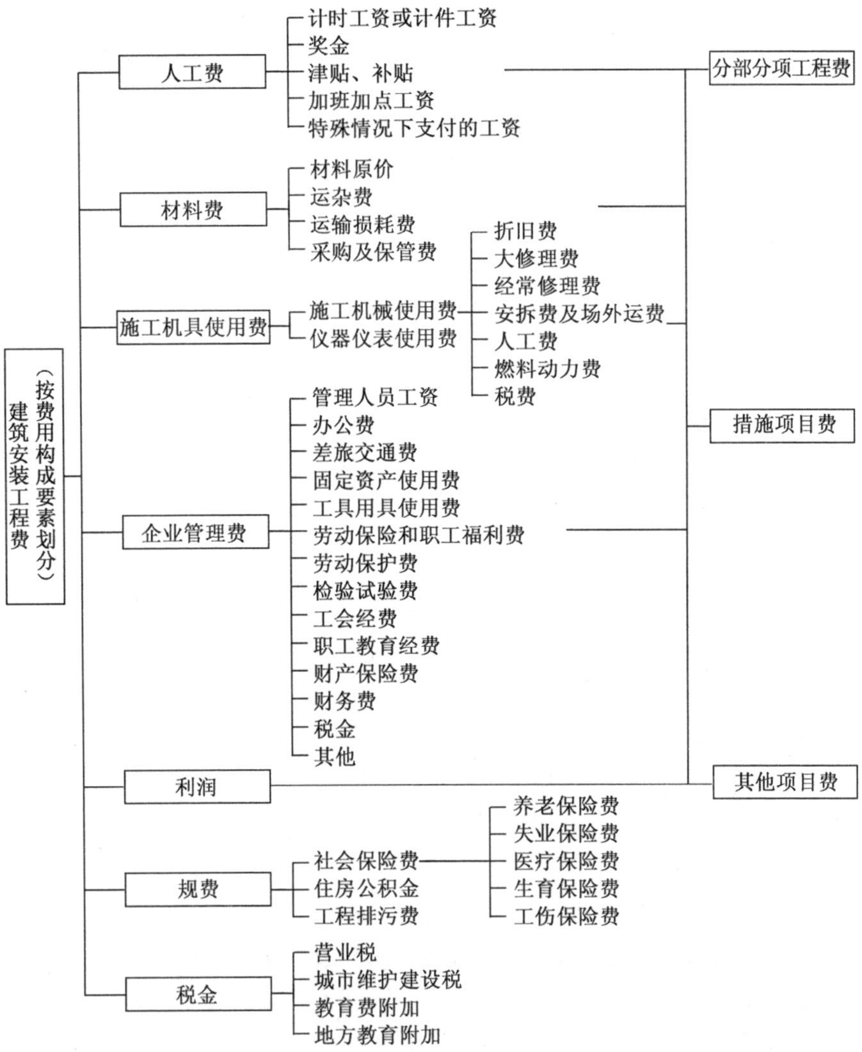

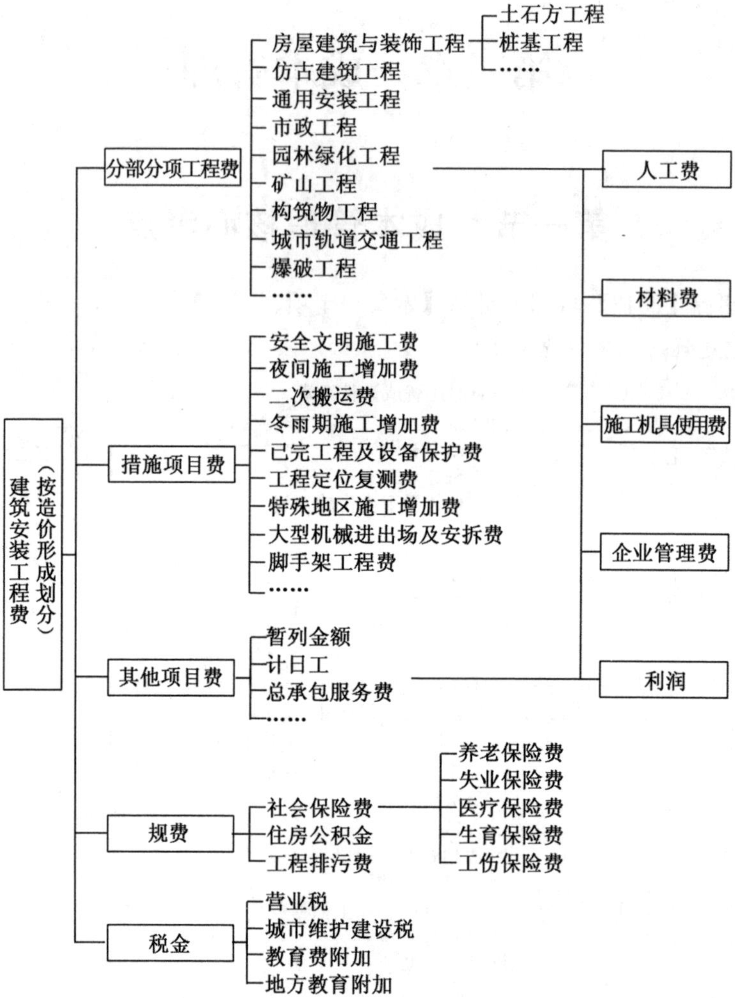

《建筑安装工程费》44 号文件费用组成顺口溜：

人工费：计奖金加特殊津贴；

材料费：材运采保；

机具费：折大人经常安燃（入）税；

企管费：老（劳）固差税才（财）检管其职工班（办）；

规　费：医生养工失；

措施项目费：二夜冬雨，大脚特工已安全。

2. 建筑安装工程费用计算方法【考试以背景为准计算】

(1) 人工费

人工费＝∑（工日消耗量×日工资单价）

(2) 材料费

1) 材料费：材料费＝∑（材料消耗量×材料单价）

2) 工程设备费：工程设备费＝∑（工程设备量×工程设备单价）

(3) 施工机具使用费

1) 施工机械使用费

如自有施工机械：施工机械使用费＝∑（施工机械台班消耗量×机械台班单价）

如租赁施工机械：施工机械使用费＝∑（施工机械台班消耗量×机械台班租赁单价）

2) 仪器仪表使用费：仪器仪表使用费＝工程使用的仪器仪表摊销费＋维修费

(4) 企业管理费

1) 以人工费＋材料费＋机具费为计算基础

企业管理费＝（人工费＋材料费＋机具费）×企业管理费费率

2) 以人工费＋机械费为计算基础

企业管理费＝（人工费＋机具费）×企业管理费费率

3) 以人工费为计算基础

企业管理费＝人工费×企业管理费费率

(5) 利润

1) 以人工费＋材料费＋机具费＋企业管理费为计算基础

利润＝（人工费＋材料费＋机具费＋企业管理费）×利润率

2) 以人工费＋机械费为计算基础

利润＝（人工费＋机具费）×利润率

3) 以人工费为计算基础

利润＝人工费×利润率

(6) 规费

1) 以人工费＋材料费＋机具费＋企业管理费＋利润为计算基础

规费＝（人工费＋材料费＋机具费＋企业管理费＋利润）×规费费率

2) 以人工费为计算基础

规费＝人工费×规费费率

(7) 税金

税金指国家税法规定的建筑工程造价内的营业税、城市维护建设税、教育费附加及地方教育附加。

1）营业税＝营业额×3％

2）城市维护建设税＝营业税×适用税率【纳税人地点在市区的税率7％，县镇的税率5％，农村的税率1％】

3）教育费附加＝营业税×3％

4）地方教育附加＝营业税×2％

税金＝（人＋材＋机＋企＋利＋规）【扣除不列入计税范围的工程设备金额】×综合税率

综合税率：纳税地点在市区的企业3.48％，在县城、镇的企业3.41％；不在市区、县城、镇的企业3.28％

赢得值法（四个要素、三个参数、四个指标）

<table>
<tr><td colspan="2">四个要素</td></tr>
<tr><td colspan="2">计划完成工程量（计量）、预算单价（计价）、已完成工程量（实量）、实际单价（实价）。</td></tr>
<tr><td colspan="2">三个参数</td></tr>
<tr><td colspan="2">【业主给的钱（100万元）】已完工作预算费用（BCWP）（挣值）
＝已完工作量×预算单价＝实量×虚价</td></tr>
<tr><td colspan="2">【计划花的钱（150万元）】计划工作预算费用（BCWS）（计划值）
＝计划完工作量×预算单价＝虚量×虚价</td></tr>
<tr><td colspan="2">【实际花的钱（80万元）】已完工作实际费用（ACWP）（实际值）
＝已完工作量×实际单价＝实量×实价</td></tr>
<tr><td colspan="2">四个指标</td></tr>
<tr><td>指标名称及计算公式</td><td>判断标准</td></tr>
<tr><td>费用偏差（CV）＝已完工作预算费用（BCWP）－已完工作实际费用（ACWP）
＝已完工作量×（预算单价－实际单价）
＝实量×（虚价-实价）
＝挣值-实际值</td><td>>0节支【不差钱】
<0超支【差钱】</td></tr>
<tr><td>进度偏差（SV）＝已完工作预算费用（BCWP）－计划工作预算费用（BCWS）
＝预算单价×（已完工作量－计划工作量）
＝虚价×（实量－虚量）
＝挣值-计划值</td><td>>0提前【不差事】
<0拖后【差事】</td></tr>
</table>

续 表

费用绩效指数（CPI）=已完工作预算费用（BCWP）/已完工作实际费用（ACWP） =预算单价 / 实际单价 = 虚价 / 实价 =挣值/实际值	>1 节支【不差钱】 <1 超支【差钱】
进度绩效指数（SPI）=已完工作预算费用（BCWP）/ 计划工作预算费用（BCWS） =已完工作量 / 计划工作量 = 实量 / 虚量 =挣值/计划值	>1 提前【不差事】 <1 拖后【差事】
费用偏差和进度偏差是绝对偏差，仅适合于对同一项目作偏差分析。 费用绩效指数和费用绩效指数是相对偏差，在同一项目和不同项目比较中均可采用。	

第二节 成本管理经典考题

案例一：

在施工进展到第 120 天后，施工项目部对第 110 天前的部分工作进行了统计检查。统计数据如表 3－1 所示。

表 3－1

工作代号	计划工作预算成本 BCWS 万元	已完成工作量（%）	实际发生成本 ACWP 万元	挣值 BCWP 万元
1	540	100	580	
2	820	70	600	
3	1620	80	840	
4	490	100	490	
5	240	0	0	
合计				

问题

1. 填写表格中空白处数值，并列式计算截止到第 110 天的合计 BCWS，ACWP，BCWP；

2. 计算第 110 天的成本偏差 CV 值，并做 CV 值结论分析；

3. 计算第 110 天的进度绩效指数 SPI 值，并做 SPI 值结论分析。

答案：

1. 截止到第 110 天表格中空白数值如表 3－2 所示。

表 3－2

工作代号	计划工作预算成本 BCWS 万元	已完成工作量（%）	实际发生成本 ACWP 万元	挣值 BCWP 万元
1	540	100	580	540
2	820	70	600	574
3	1620	80	840	1296
4	490	100	490	490
5	240	0	0	0
合计	3710		2510	2900

因此：

BCWS＝540＋820＋1620＋490＋240＝3710 万元，

ACWP＝580＋600＋840＋490＝2510 万元，

BCWP＝540×100%＋820×70%＋1620×1620%＋490×100%＋240×0%＝2900 万元。

2. 第 110 天的成本偏差 CV＝BCWP－ACWP＝（2900－2510）万元＝390 万元。

CV 值结论分析：由于成本偏差为正，说明节约成本 390 万元。

3. 第 110 天的进度绩效指数 SPI＝BCWP/BCWS＝（2900/3710）＝0.7817。

SPI 值结论分析：由于进度绩效指数小于 1，说明进度拖后了，拖后 21.83%。

案例二：2007 机电（五）

背景资料

某企业的扩建安装工程由某施工单位承担。工程包括：动设备安装 23 台，静设备安装 15 台，非标设备现场制做 240 吨，管道安装 23000m。合同工期 6 个月。其中动、静设备安装，非标设备制做统称为设备安装工程，其直接工程费为 300 万元。合同规定：设备安装费按照《建筑安装工程费用项目组成》（建标 206 号文件）中的工料单价法计价和结算。设备安装各项费用的取值如下：措施费为直接工程费的 5%；间接费为直接费的 10%；利润为直接费和间接费的 8%，税率为 3.4%。合同其他条款如下：

1. 管道安装费按 0.016 万元/米计算，管道安装实际工程量超过估算工程量 10%时进行调整，调价系数 0.9。

2. 开工前业主向施工单位支付估算合同总价 20%的工程预付款：工程预付款在最后两个月扣除，每月扣 50%。

3. 业主每月从施工单位的工程款中按 3%的比例扣留工程质量保修金。

施工单位前 3 个月进行设备安装，从第 3 个月开始进行管道安装。其中管道安装工程每月实际完成并经监理工程师签证确认的工程量如表 3—3 所示。

表 3—3

时间	第 3 月	第 4 月	第 5 月	第 6 月
管道安装工程量（m）	5000	8000	8000	6000

工程保修期间，一台现场制做的设备被损坏，业主多次催促施工单位修理，施工单位一再拖延，最后业主请其他施工单位修理，修理费 1.5 万元。

问题：

1. 计算全部安装工程预付款总额。

2. 计算第 6 个月的管道安装工程量价款是多少？监理工程师应签证的第 6 个月管道安装工程款是多少？实际签发的第 6 个月付款凭证金额是多少？

3. 被损坏设备的修理费用应出自何处？

（计算过程和结果均保留 2 位小数）

答案：

1.（本小题共 6.0 分）

（1）合同价：23000×0.016+368.93=754.94 万元；（3.0 分）

（2）预付款：754.94×20%=150.99 万元。（3.0 分）

【评分准则：结果计算错误，但列式正确的，得一半分数】

2.（本小题共 11.0 分）

（1）累计完成工程量 27000m，（27000－23000）/23000＝17.39%＞10%；（1.0 分）

超出部分调整单价为 0.016×0.9＝0.0144 万元/米；（1.0 分）

原价量：23000×1.1－5000－8000－8000＝4300m；（1.0 分）

新价量：6000－4300＝1700m；（1.0 分）

第 6 月管道安装工程量价款：4300×0.016＋1700×0.0144＝93.28 万元。（3.0 分）

（2）第 6 月应签证的工程款＝93.28×（1－3%）＝90.48 万元。（2.0 分）

（3）第 6 月实际签发的付款凭证＝90.48－150.99×50%＝14.98 万元。（2.0 分）

3.（本小题共 4.0 分）

（1）如果属于施工质量原因设备被损坏，1.5 万元的修理费应从施工单位的质量保修金中扣除。（2.0 分）

（2）如果属于其他原因设备被损坏，1.5 万元的修理费应建设单位负责。（2.0 分）

案例三：2007 民航（二）

背景资料

某地对一民用机场进行扩建，工程项目包括场道工程、助航灯光工程、空管工程和航站楼弱电工程。工程总概算的费用情况分别为：场道工程费用 3000 万元；助航灯光建筑工程费用 500 万元，安装费用 100 万元，设备购置费用 600 万元；空管建筑工程费用 250 万元，安装工程费用 50 万元，设备购置费用 300 万元；航站楼弱电工程设备购置费 450 万元，安装工程费用 50 万元；设计变更增加工程费用 300 万元；征地费 1800 万元；建设单位管理费 50 万元；建设期贷款利息 200 万元；勘察设计费 80 万元；工程监理费 30 万元；工程质量监督、招投标管理费 30 万元。

考虑到当地的自然条件，在总概算中增列了防洪措施费 270 万元。

问题：

1. 本工程概算中，“工程费用”由哪几项组成？计算其费用总额。

2. 本工程概算中，“其他费用”由哪几项组成？计算其费用总额。

3. 本工程概算中，“基本预备费”由哪几项组成？计算其费用总额。

4. 列出本工程静态部分费用组成和动态部分费用组成，计算本工程总概算额。

答案：

1.（本小题 5.0 分）

（1）工程费用的组成：（4.0 分）

场道工程费用；

助航灯光建筑工程费用、安装费用、设备购置费用；

空管建筑工程费用、安装工程费用、设备购置费用；

航站楼弱电工程设备购置费、安装工程费用。

（2）3000＋（500＋100＋600）＋（250＋50＋300）＋（450＋50）＝5300 万元。（1.0 分）

2.（本小题共 6.0 分）

（1）其他费用的组成：（5.0 分）

征地费、建设单位管理费、勘察设计费、监理费、工程质量监督费、招投标管理费。

（2）1800＋50＋80＋30＋30＝1990 万元。（1.0 分）

3.（本小题共 3.0 分）

（1）基本预备费的组成：设计变更引起的工程费用和防洪措施费。（2.0 分）

（2）300＋270＝570 万元。（1.0 分）

4.（本小题共 6.0 分）

（1）静态部分：工程费用、其他费用、基本预备费。（3.0 分）

（2）动态部分：建设期贷款利息。（1.0 分）

（3）工程总概算额＝5300＋1990＋570＋200＝8060 万元。（2.0 分）

案例四：2006 建筑（四）部分内容

背景资料

某工程项目承包合同价为 6240 万元，另外规定：

（1）工程预付款为合同总价的 25％。

（2）工程预付款从未施工工程所需的主要材料及构配件价值相当于工程预付款时起扣，每月以抵充工程款的方式陆续收回。主要材料及构配件比重按 60％考虑。

（3）除设计变更和其他不可抗力因素外，合同总价不做调整。

（4）材料和设备均由承包商负责采购。

（5）工程保修金为合同总价的5%，在工程结算时一次扣留。

经业主工程师代表签认的承包商实际完成的建安工作量如表3－4所示（单位：万元）。

表3－4

施工月份	第1至7月	第8月	第9月	第10月	第11月	第12月
实际完成建安工作量	3000	420	510	770	750	790
实际完成建安工作量累计	3000	3420	3930	4700	5450	6240

问题：

1. 本工程预付款是多少万元？

2. 工程预付款应从哪个月开始起扣？

3. 第1月至第7月合计以及第8、9、10月，业主工程师代表应签发的工程款各是多少万元？（请列出计算过程）

答案：

1. （本小题2.0分）

预付款：6240×25%＝1560万元。（2.0分）

2. （本小题3.0分）

起扣点：6240－1560÷60%＝3640万元；（1.0分）

第9月累计完成工作量为3930万元＞3640万元；（1.0分）

工程预付款应从第9月开始起扣。（1.0分）

3. （本小题6.0分）

应签发的工程款：

第1～7个月合计应签发3000万元；（1.0分）

第8个月应签发420万元；（1.0分）

第9个月应扣的工程预付款：（3930－3640）×60%＝174万元；（1.0分）

应签发510－174＝336万元；（1.0分）

第10月应扣工程预付款为：770×60%＝462万元；（1.0分）

应签发770－462＝308万元。（1.0分）

案例五：2010建筑（四）部分内容

背景资料

某商业用房工程，建筑面积15000m^2，地下一层，地上四层。施工单位与建设单位采用《建设工程施工合同（示范文本）》（GF—99—0201）签订了工程施工合同。合同约定：工程工期自 2009 年 2 月 1 日至 2009 年 12 月 31 日；工程承包范围为图纸所示的全部土建、安装工程。合同造价中含安全防护费、文明施工费 120 万元。

合同履行过程中，发生了如下事件。

事件 1：2009 年 5 月 12 日，工程所在地区发生了 7.5 级强烈地震，造成施工现场部分围墙倒塌，损失 6 万元；地下一层填充墙部分损毁，损失 10 万元；停工及修复共 30 天。施工单位就上述损失及工期延误向建设单位提出了索赔。

事件 2：截止到 2009 年 8 月 15 日，建设单位累计预付安全防护费、文明施工费共计 50 万元。

事件 3：工程竣工结算造价为 5670 万元，其中工程款 5510 万元，利息 70 万元，建设单位违约金 90 万元。工程竣工 5 个月后，建设单位仍没有按合同约定支付剩余款项，欠款总额为 1670 万元（含上述利息及建设单位违约金），随后施工单位依法行使了工程款优先受偿权。

问题：

1. 事件 1 中，施工单位的索赔是否成立？分别说明理由。

2. 事件 2 中，建设单位预付的安全防护费、文明施工费的金额是否合理？说明理由。

3. 事件 3 中，施工单位行使工程款优先受偿权可获得多少工程款？行使工程款优先受偿权的起止时间是如何规定的？

答案：

1.（本小题 7.0 分）

（1）“造成施工现场部分围墙倒塌，损失 6 万元”索赔成立，因为 7.5 级强烈地震属于不可抗力事件，工程清理及修复费用应由业主承担。（3.0 分）

（2）“地下一层填充墙部分损毁，损失 10 万元”索赔成立，因为不可抗力事件导致的工程损失应由业主承担。（2.0 分）

（3）“停工及修复共 30 天”索赔成立，因为不可抗力事件导致的工期损失应由业主承担。（2.0 分）

2.（本小题 3.0 分）

不合理；（1.0 分）

理由：发包人应在工程开工后的 28 天内预付安全文明施工费总额的 50％以上，其余部分与进度款同期支付。截止到 2009 年 8 月 15 日，本工程已进行 6.5 个月，应支付 120×50％＋60×（6.5/11）＝95.45 万元。

（2.0 分）

3.（本小题 4.0 分）

（1）可获得优先受偿的工程款：1670－70－90＝1510 万元。（2.0 分）

（2）优先受偿权自建设工程竣工验收合格之日起计算，期限为 6 个月。（2.0 分）

案例六：2011 建筑（四）部分内容

背景资料

某写字楼工程，建筑面积 $120000m^2$，地下二层，地上二十二层，钢筋混凝土框架剪力墙结构，合同工期 780 天。某施工总承包单位按照建设单位提供的工程量清单及其他招标文件参加了该工程的投标，并以 34263.29 万元的报价中标。双方依据《建设工程施工合同（示范文本）》签订了工程施工总承包合同。

合同约定：本工程采用单价合同计价模式；当实际工程量增加或减少超过清单工程量 5％时，合同单价予以调整，调整系数为 0.95 或 1.05；投标报价中的钢筋、土方的全费用综合单价分别为 5800 元/吨、32 元/m^3。

合同履行过程中，施工总承包单位项目部对清单工程量进行了复核。其中：钢筋实际工程量为 9600 吨，钢筋清单工程量为 10176 吨；土方实际工程量 $30240m^3$，土方清单工程量为 $28000m^3$。施工总承包单位向建设单位提交了工程价款调整报告。

问题：

1. 施工总承包单位的钢筋和土方工程价款是否可以调整？为什么？

2. 列式计算调整后的价款分别是多少万元？

答案：

1.（本小题 2.0 分）

（1）钢筋可以调整；因为（10176－9600）/10176＝5.66％＞5％。（1.0 分）

（2）土方工程可以调价；因为（30240－28000）/28000＝8％＞5％。（1.0 分）

2.（本小题 4.0 分）

（1）钢筋工程价款

钢筋工程全部执行新价：9600×5800×1.05＝5846.40 万元。（1.0 分）

（2）土方工程价款

超出 5％的部分执行新价 32×0.95＝30.4 元/m^3；（0.5 分）

原价量 28000×1.05＝$29400m^3$；（0.5 分）

新价量 30240－29400＝$840m^3$；（0.5 分）

工程价款 29400×32+840×30.4=96.63 万元。 (0.5 分)

合计：5846.4+96.63=5843.03 万元。 (1.0 分)

案例七：造价真题改编

某屋面工程，拟以三个功能层为对象进行价值工程分析。各功能项目得分及其目前成本如表 3—5 所示。

表 3—5

功能项目	得分	目前成本/万元
找平层 A	14	16.8
保温层 B	20	14.5
防水层 C	40	37.4

问题：

1. 计算各功能项目的价值系数。

2. 确定优先改进功能项目，并说明原因。(计算结果保留 3 位小数)

答案：

1. (本小题 5.5 分)

(1) 14+20+40=74； (0.5 分)

F_A：14/74=0.189； (0.5 分)

F_B：20/74=0.270； (0.5 分)

F_C：40/74=0.541。 (0.5 分)

(2) 16.8+14.5+37.4=68.7 万元； (0.5 分)

C_A：16.8/68.7=0.245； (0.5 分)

C_B：14.5/68.7=0.211； (0.5 分)

C_C：37.4/68.7=0.544。 (0.5 分)

(3) V_A：0.189/0.245=0.771； (0.5 分)

V_B：0.27/0.211=1.280； (0.5 分)

V_C：0.541/0.544=0.994。 (0.5 分)

2. (本小题 1.5 分)

优先改进找平层，因其价值系数最低。 (1.5 分)

案例八：造价教材改编

某建设项目有 A、B、C 三个设计方案。

A：结构体系为大柱网框架轻墙体系，预应力大跨叠合楼板，墙体为多孔砖，窗户为中空玻璃塑钢窗，面积利用系为93%，单方造价1438元/m^2。

B：结构体系和楼板类型同A方案，墙体采用内浇外砌，窗户采用单玻塑钢窗，面积利用系数为87%，单方造价1108元/m^2。

C：结构体系为砖混，多孔预应力楼板，墙体为标准粘土砖，窗户为双玻塑钢窗，面积利用系数为79%，单方造价1082元/m^2。

方案各功能项目的权重及各方案的各功能得分如表3—6所示。

表3—6

功能项目名称	各功能项目权重	A	B	C
1. 结构体系	0.25	10	10	8
2. 楼板类型	0.05	10	10	9
3. 墙体材料	0.25	8	9	7
4. 面积系数	0.35	9	8	7
5. 窗户类型	0.10	9	7	8

说明：该表中的各功能项目及其权重、各方案的各功能项目得分均由专家根据专业知识、时代特点、地区特点、项目特点、业主的要求及工程建设经验等因素，通过举手表决或量化打分后，综合确定。这就是价值工程方法的基础前提：定性问题定量化。

问题：

1. 应用价值工程的方法优选设计方案。

2. 应用价值工程的方法优化最佳设计方案。

优化背景：为进一步降低费用，拟针对所选的最佳设计方案中的土建工程，以工程材料费为对像进行价值工程分析，即功匹配度分析：将土建工程划分为四个功能项目，各功能项目得分及目前估算成本（根据已完类似工程进行的估算）如表3—7所示。

表3—7

功能项目	功能得分	目前成本/万元
A：桩基工程	10	1520
B：地下室工程	11	1482
C：主体工程	35	4705
D：装饰工程	38	5105
合　计	94	12812

按限额设计要求，目标成本额应控制在12170万元。

试析各功能项目的目标成本及其可能降低的额度，并确定功能改进顺序。

3. 若承包商以上表中的总成本加3.98%的利润（不含税）中标并与业主签订了固定总价合同，而在施工过程中该承包商的实际成本为12170万元，则该承包商的实际利润率？

4. 若要使实际利润达到10%，成本降低额和成本降低率分别为多少？（计算过程及结果均保留3位小数）

答案：

1.（本小题8.5分）

（1）功能指数

A：10×0.25+10×0.05+8×0.25+9×0.35+9×0.1=9.050分（0.5分）

B：10×0.25+10×0.05+9×0.25+8×0.35+7×0.1=8.750分（0.5分）

C：8×0.25+9×0.05+7×0.25+7×0.35+8×0.1=7.450分（0.5分）

合计25.25分。（0.5分）

F_A=9.05/25.25=0.358（0.5分）

F_B=8.75/25.25=0.347（0.5分）

F_C=7.45/25.25=0.295（0.5分）

（2）成本指数

成本合计1438+1108+1082=3628万元（0.5分）

C_A=1438/3628=0.396（0.5分）

C_B=1108/3628=0.305（0.5分）

C_C=1082/3628=0.298（0.5分）

（3）价值指数

V_A=0.358/0.396=0.904（0.5分）

V_B=0.347/0.305=1.138（0.5分）

V_C=0.295/0.298=0.990（0.5分）

B方案价值系数最大，优选B方案。（1.5分）

2.（本小题8.0分）

（1）功能指数

F_A=10/94=0.106（0.5分）

F_B=11/94=0.117（0.5分）

F_C=35/94=0.372（0.5分）

F_D＝38/94＝0.404 （0.5分）

（2）价值指数＝1时，功能与成本匹配。（1.0分）

（3）成本指数

C_A＝F_A＝0.106 （0.5分）

C_B＝F_B＝0.117 （0.5分）

C_C＝F_C＝0.372 （0.5分）

C_D＝F_D＝0.404 （0.5分）

降低额：

A：1520－12170×0.106＝230万元 （0.5分）

B：1482－12170×0.117＝58万元 （0.5分）

C：4705－12170×0.372＝178万元 （0.5分）

D：5105－12170×0.404＝188万元 （0.5分）

改进顺序：A→D→C→B。（1.0分）

3.（本小题1.0分）

（12812×1.0398－12170）/12170＝9.47％ （1.0分）

4.（本小题2.5分）

X×1.1＝12812×1.0398　　X＝12110.83万元 （1.5分）

（1）12812－12110.83＝701.17万元 （0.5分）

（2）701.17/12812＝5.47％ （0.5分）

案例九：

某工程项目进展到12个月后，对前10个月的成本完成情况进行了检查，相关信息如表3－8所示。

表3－8

工作代号	计划工作预算成本BCWS（万元）	已完工作量（％）	实际发生成本ACWP（万元）	挣得值BCWP（万元）
A	2000	120	2500	
B	2200	50	1300	
C	4000	0	0	
D	——	——	2600	

D工作原计划第11个月初开始，第12个月末完成，计划工作预算成本累计5000万元；实际进度是第10个月初开始，第11个月末完成；其计划工

程量和实际工程量相等，并且每月实际完成的工程量相等。

问题：

1. 计算前 10 个月的计划工作预算成本。
2. 计算前 10 个月的已完工作预算成本。
3. 计算前 10 个月的已完工作实际成本。
4. 计算第 10 个月末的成本偏差和进度偏差。
5. 计算第 10 个月末的成本绩效指数进度绩效指数。

答案：

1. （本小题 1.0 分）

2000＋2200＋4000＝8200 万元。（1.0 分）

2. （本小题 2.0 分）

2000×120％＋2200×50％＋5000/2＝6000 万元。（2.0 分）

3. （本小题 1.0 分）

2500＋1300＋2600＝6400 万元。（1.0 分）

4. （本小题 3.0 分）

（1）6000－6400＝－400 万元，成本超支 400 万元。（1.5 分）

（2）6000－8200＝－2200 万元，进度拖后 2200 万元。（1.5 分）

5. （本小题 3.0 分）

（1）6000/6400＝0.9375，成本超支 6.25％。（1.5 分）

（2）6000/8200＝0.7317，进度拖后 26.83％。（1.5 分）

案例十：2004 建筑（二）

背景资料

某工程项目进展到第 10 周，对前 9 周的工作进行了统计检查，前 9 周成本统计情况如表 3－9 所示。

表 3－9

工作代号	计划完成预算成本 BCWS（元）	已完成工作（％）	实际发生成本 ACWP（元）	已完成工作的预算成本 BCWP（元）
A	420000	100	425200	
B	308000	80	246800	
C	230880	100	254034	
D	280000	100	280000	
前 9 周末合计	1238880		1206034	

问题：

1. 将表 1.4.8 复制到答题卡上，在表中计算前 9 周每项工作的 BCWP。

2. 计算第 9 周末的费用偏差 CV 与进度偏差 SV，并对其结果含义加以说明。

3. 计算第 9 周末的费用绩效指数 CPI 与进度绩效指数 SPI（计算结果保留 3 位小数），并对其结果含义加以说明。

答案：

1. 如表 3－10 所示。（本小题 4.0 分）

表 3－10

工作代号	计划完成预算成本 BCWS（元）	已完成工作（%）	实际发生成本 ACWP（元）	已完成工作的预算成本 BCWP（元）
A	420000	100	425200	420000
B	308000	80	246800	246400
C	230880	100	254034	230880
D	280000	100	280000	280000
9 周末合计	1238880		1206034	1177280

2. （本小题 8.0 分）

(1) CV＝BCWP－ACW＝1177280－1206034＝－28754 万元；（2.0 分）

费用偏差为负，说明费用超支 28754 万元。（2.0 分）

(2) SV＝BCWP－BCWS＝1177280－1238880＝－61600 万元；（2.0 分）

进度偏差为负，说明进度延误 61600 万元。（2.0 分）

3. （本小题 8.0 分）

(1) CPI＝BCWP/ACWP＝1177280/1206034＝0.976；（2.0 分）

费用绩效指数＜1，故费用超支 1－0.976＝2.4%。（2.0 分）

(2) SPI＝BCWP/BCWS＝1177280/1238880＝0.950；（2.0 分）

进度绩效指数＜1，故进度拖后 1－0.95＝5%。（2.0 分）

案例十一：2005 通信（四）部分内容修正

背景资料

某直埋光缆线路工程，全长 80km，部分路段采用钢管保护，预计工期 50 天。工程前 35 天的相关工作名称代号以及各项工作计划成本、计划完成工作量百分比、已完成工作量百分比、实际发生成本如表 3－11 所示。

表 3－11

工作内容及代号	拟完工程计划施工成本 BCWS（万元）	已完成工作量（%）	实际发生成本 ACWP（万元）
路由复测 A	1.2	100	1.3
挖光缆沟 B	24	100	25
铺设光缆 C	16	80	12
接头 D	8	50	4
放排流线 E	12	100	8

问题：

1. 计算前 35 天每项工作的已完工程计划施工成本（BCWP）及 35 天来总的已完工程计划施工成本（BCWP）。

2. 计算 35 天来的合计实际发生成本（ACWP）、拟完工程计划施工成本（BCWS）。

3. 计算 35 天的成本偏差（CV）与进度偏差（SV），并分析成本和进度状况。

答案：

1.（本小题 6.0 分）

（1）A 1.2×100%＝1.2 万元；（1.0 分）

（2）B 24×100%＝24 万元；（1.0 分）

（3）C 16×80%＝12.8 万元；（1.0 分）

（4）D 8×50%＝4 万元；（1.0 分）

（5）E 12×100%＝12 万元；（1.0 分）

合计：54 万元。（1.0 分）

2.（本小题 2.0 分）

（1）实际发生成本 1.3＋25＋12＋4＋8＝50.3 万元。（1.0 分）

（2）拟完工程计划施工成本 1.2＋24＋16＋8＋12＝61.2 万元。（1.0 分）

3.（本小题 8.0 分）

（1）成本偏差＝ BCWP－ACWP＝54－50.3＝3.7 万元；（2.0 分）

成本偏差为正，说明成本节约 3.7 万元。（2.0 分）

（2）进度偏差＝ BCWP－BCWS＝54－61.2＝－7.2 万元；（2.0 分）

进度偏差为负，说明进度拖后 7.2 万元。（2.0 分）

案例十二：2007 建筑（五）部分内容

背景资料

某施工单位承接了某项工程的总包施工任务，该工程由 A、B、C、D 四项工作组成，施工场地狭小。为了进行成本控制，项目经理部对各项工作进行了分析，其结果如表 3－12 所示。

表 3－12

工　作	功能评分	预算成本（万元）
A	15	650
B	35	1200
C	30	1030
D	20	720
合　计	100	3600

工程进展到第 25 周 5 层结构时，公司各职能部门联合对该项目进行突击综合大检查。

检查成本时发现：C 工作，实际完成预算费用 960 万元，计划完成预算费用为 910 万元，实际成本 855 万元，计划成本 801 万元。

问题：

1. 计算表 3－13 中 A、B、C、D 四项工作的评价系数、成本系数和价值系数（将此表复制到答题卡上，计算结果保留小数点后两位）。

表 3－13

工作	功能评分	预算成本（万元）	评价（功能）系数	成本系数	价值系数
A	15	650			
B	35	1200			
C	30	1030			
D	20	720			
合计	100	3600			

2. 在A、B、C、D四项工作中，施工单位应首选哪项工作作为降低成本的对象？说明理由。

3. 计算并分析C工作的费用偏差和进度偏差情况？

答案：

1. 如表3—14所示。（本小题8.0分）

表 3—14

工作	功能评分	预算成本（万元）	评价（功能）系数	成本系数	价值系数
A	15	650	0.15	0.18	0.83
B	35	1200	0.35	0.33	1.06
C	30	1030	0.30	0.29	1.03
D	20	720	0.20	0.20	1.00
合计	100	3600	1.00	1.00	

2. （本小题2.0分）

施工单位应首选A工作作为降低成本的对象； （1.0分）

因为A工作价值系数低。 （1.0分）

3. （本小题4.0分）

（1） 费用偏差=960—855=105万元； （1.0分）

费用偏差为正，说明C工作费用节支。 （1.0分）

（2） 进度偏差=960—910=50万元。 （1.0分）

进度偏差为正，说明C工作进度提前。 （1.0分）

第四章　招标投标

第一节　招标投标核心考点

建设工程招投标管理

《中华人民共和国招标投标法》【自 2000 年 1 月 1 日起施行】

《工程建设项目招标范围和规模标准规定》【自 2000 年 5 月 1 日起施行】

《中华人民共和国招标投标法实施条例》【自 2012 年 2 月 1 日实施】

《工程建设项目施工招标投标办法》【自 2013 年 5 月 1 日实施】

考点一：招标的范围

1. 必须进行招标的范围

（1）在中华人民共和国境内进行下列工程建设项目包括项目的勘察、设计、施工、监理以及与工程建设有关的重要设备、材料等的采购，必须进行招标：

1）大型基础设施、公用事业等关系社会公共利益、公众安全的项目；

2）全部或者部分使用国有资金投资或者国家融资的项目；

3）使用国际组织或者外国政府贷款、援助资金的项目。

（2）项目的勘察、设计、施工、监理以及与工程建设有关的重要设备、材料等的采购，达到下列标准之一的，必须进行招标：

1）施工单项合同估算价在 200 万元人民币以上的；

2）重要设备、材料等货物的采购，单项合同估算价在 100 万元人民币以上的；

3）勘察、设计、监理等服务的采购，单项合同估算价在 50 万元人民币以上的；

4）单项合同估算价低于第（一）（二）（三）项规定的标准，但项目总投资额在 3000 万元人民币以上的。【私人项目不在这个范围里】

2. 可以不进行招标的范围【直接发包】

（1）法定原则以外的【私人投资项目】；

（2）法定原则以内的，但是比上述标准小的，比如总投资 2800 万元，施工单项合同估算价 190 万元；

（3）涉及国家安全、国家秘密、抢险救灾或者属于利用扶贫资金实行以工代赈、需要使用农民工等特殊情况，不适宜进行招标的项目，按照国家有关规定可以不进行招标；

（4）需要采用不可替代的专利或者专有技术；

（5）采购人依法能够自行建设、生产或者提供；

（6）已通过招标方式选定的特许经营项目投资人依法能够自行建设、生产或者提供；

（7）需要向原中标人采购工程、货物或者服务，否则将影响施工或者功能配套要求；

（8）国家规定的其他特殊情形。

考点二：确定招标的方式

1. 公开招标是指招标人以招标公告的方式邀请不特定的法人或者其他组织投标；

最小范围是国家，最大范围是全世界；

国务院发展计划部门确定的国家重点项目和省、自治区、直辖市人民政府确定的地方重点项目，全部或部分使用国有资金投资的项目必须公开招标。

2. 邀请招标是指招标人以投标邀请书的方式邀请特定的法人或者其他组织投标。

国务院发展计划部门确定的国家重点项目和省、自治区、直辖市人民政府确定的地方重点项目不适宜公开招标的，经国务院发展计划部门或者省、自治区、直辖市人民政府批准，可以进行邀请招标。

国有资金占控股或者主导地位的依法必须进行招标的项目，应当公开招标；但有下列情形之一的，可以邀请招标：

1）技术复杂、有特殊要求或者受自然环境限制，只有少量潜在投标人可供选择；

2）采用公开招标方式的费用占项目合同金额的比例过大。

考点三：确定招标的组织方式

1. 自行招标

招标人具有编制招标文件和组织评标能力的，可以自行办理招标事宜。

任何单位和个人不得强制其委托招标代理机构办理招标事宜；

依法必须进行招标的项目，招标人自行办理招标事宜的，应当向有关行政监督部门备案。

2. 委托招标

考点四：确定合同类型

1. 总价合同：包括固定总价，可调总价。

2. 单价合同：包括固定单价，可调单价。

3. 成本加酬金合同。

根据设计深度，工期长短，技术复杂程度确定合同类型。

1）工程量可以准确计算的，用总价合同，工期长的用可调，工期短的用固定；

2）工程量不能准确计算的，用单价合同，工期长的用可调，工期短的用固定；

3）风险大、技术复杂的，用成本加酬金合同。

考点五：编制要约邀请文件

1. 招标公告【公开招标】。

2. 资格预审公告【邀请招标】。

3. 投标邀请书，包括的内容：招标人的名称和地址、招标项目类型，规模，地点，时间，资金来源，资质要求以及获取招标文件的办法等事项。

考点六：编制资格审查文件

1. 资格预审和后审。

2. 内容

1）签约权力：审资质，营业执照，施工单位要审安全生产许可证；

2）履约能力：人员，财务，机械，建设业绩，施工经历；

3）目前状况：账户有没有冻结，查封，没有投标资格；

4）近三年的情况，近三年有没有质量安全事故。有没有被业主赶出现场，其他规定；

5）其他。

考点七：编制招标文件

1. 招标文件可限定最高报价，但不可限定最低报价。

2. 招标文件包括内容：

①投标人须知；②投标函格式；③投标人须知前附表（42 项）；④设计文件（图纸）；⑤技术标准 ⑥合同条款；⑦招标工程量清单；⑧评标办法；⑨其他。

考点八：发布要约邀请文件

1. 依法必须进行招标的项目，招标公告和资格预审公告应在国务院发展改革部门依法指定的媒介发布。

2. 招标人采用邀请招标方式的，应当向三个以上具备承担招标项目的能力、资信良好的特定的法人或者其他组织发出投标邀请书。

考点九：发售资格预审文件

1. 发售期限：自发售之日起至停止发售之日止至少 5 日；售价为成本（纸张，印刷，邮寄费用）。

2. 准备期限：自停止发售日起至提交资格预审申请文件截止日至少 5 日。

3. 修改期限：从修改或补充日起至提交资格预审申请文件截止日至少 3 日。

考点十：发售招标文件

1. 发售期限：自发售之日起至停止发售之日止至少 5 日；售价为成本（纸张，印刷，邮寄费用）。

2. 准备期限：自发售日起至投标截止日至少 20 日。

3. 修改期限：从修改或补充日起至投标截止日至少 15 日。

考点十一：组织现场踏勘

1. 组织主体：招标人或招标代理机构组织，全体投标人参加（不得组织单个或者部分潜在投标人）。

2. 自愿：来不了自愿。

3. 自费。

考点十二：标前会议（投标预备会）

1. 组织主体：招标人或招标代理机构组织，全体投标人参加（不得组织单个或者部分潜在投标人）。

2. 会议纪要：发给所有投标人。

考点十三：投标文件

1. 投标文件的内容

①投标函及投标函附录；②法定代表人身份证明或附有法定代表人身份证明的授权委托书；③联合体协议书（如允许）；④投标保证金；⑤已标价工程量清单；⑥施工组织设计；⑦项目管理机构；⑧拟分包项目情况表；⑨资格审查资料；⑩其他。

2. 联合体投标规定

1）联合体各方均应具备相应资格条件；由同一专业的单位组成的联合体，按资质等级较低的单位确定资质等级；

2）各方不得再以自己名义单独或参加其他联合体在同一标段中投标；

3）联合体各方应签订共同投标协议。

4）明确牵头人和各方权利义务；

5）联合体中标的，各方应共同与招标人签订合同，就中标项目向招标人承担连带责任。

3. 投标保证金

1）有效期：投标有效期从投标截止日开始计算，一般 60－90 天，大型的 120 天；投标保证金有效期与投标有效期一致，也可以长；

2）数额：投标保证金不超过招标项目估算价 2%，最高不超过 80 万元；

3）没收：有效期内撤标、拒签合同、未提交履约保证金时投标保证金被没收；

4）退还：投标截止日前撤标及签合同后 5 日退还投标保证金。

4. 提交投标文件：投标截止日前任何时间都可以提交；

5. 修改投标文件：投标截止日前任何时间都可以修改、替代、撤回。

考点十四：开标

1. 时间：投标截止日。

2. 地点：招标文件指定。

3. 人员：招标人或委托招标代理机构主持，招标人、投标人及监督人参加。

4. 废标情形：

①逾期提交投标文件；②未参加开标会议；③未密封；④没有签章；⑤

未提交投标保证金；⑥联合体投标未提交联合体共同投标协议；⑦投标报价超过最高投标限价；⑧一标多投；⑨一标多价；⑩其他。

考点十五：评标

1. 评标委员会

开标前组建，在专家名册中随机抽取或有特殊要求的可以直接指定专家组成，5 人以上单数（含 5 人），其中技术经济专家不少于 2/3，政府监督部门人员禁止担任评标专家，与投标人有利害关系的禁止担任评标专家；评标前保密。

2. 初评

1）澄清：不接受投标人主动澄清；

2）校正：大写；单价，但单价小数点明显错位，以合价为准；中文英文不一致的，以中文为准；

3）细微偏差：缺项漏项；不完整信息；

4）初审废标：①资格；②低于成本的报价；③串标废标；④重大偏差【里面签章不全，保函有瑕疵，自报工期不满足要求工期，标准与招标文件不符，包装不符合要求，投标文件中附带了招标人不可接受的条件，其他】。

3. 详评

1）依据：按招标文件规定的评标标准和评标方法；

2）方法：经评审的最低评标价法或综合评估法；

3）结果：评标报告（中标候选人名单 1—3 人，标明顺序）。

考点十六：定标

1. 主体：招标人或被授权的评标委员会。

2. 中标条件：

1）最大限度的满足招标文件的各项综合评价标准（分高）；

2）满足招标文件的实质性要求，且经评审的投标价格最低，但低于成本的除外。

3. 中标候选人应当不超过 3 个，并标明顺序；

4. 评标报告应当由评标委员会全体成员签字；评标委员会成员拒绝在评标报告上签字又不书面说明其不同意见和理由的，视为同意评标结果；

5. 招标人自收到评标报告起 3 日内公示；公示期不得少于 3 日。收到报告 15 日内确定中标人；

6. 中标主体

国有资金占控股或者主导地位的依法必须招标的项目，招标人应当确定排名第一的中标候选人为中标人。

排名第一的中标候选人放弃中标、因不可抗力不能履行合同、不按照招标文件要求提交履约保证金，或者被查实存在影响中标结果的违法行为等情形，不符合中标条件的，招标人可以按照评标委员会提出的中标候选人名单依次确定其他中标候选人为中标人，也可以重新招标。

考点十七：签约

1. 时间：自发出中标通知书之日起 30 日内签合同。

2. 依据：依照招投标法和招投标实施条例的规定签订书面合同，合同的标的、价款、质量、履行期限等主要条款应当与招标文件和中标人的投标文件的内容一致。招标人和中标人不得再行订立背离合同实质性内容的其他协议。

3. 担保：履约保证金不得超过中标合同金额的 10%。

4. 招标人最迟应当在书面合同签订后 5 日内向中标人和未中标的投标人退还投标保证金及银行同期存款利息。

考点十八：禁止行为

1. 不可对投标人或潜在投标人实行歧视待遇。
2. 不可以不合理条件限制或排斥潜在投标人或投标人。
3. 不可强制投标人组成联合体投标。
4. 不可在中标候选人之外确定中标人。
5. 不可在订立合同后，另行签订背离合同实质内容的其他协议。

第二节　招标投标经典考题

案例一：

某政府投资项目，主要分为建筑工程、安装工程和装修工程三部分，项目投资为 5000 万元，其中，估价为 80 万元的设备由招标人采购。

在招标文件中，招标人对投标有关时限规定如下：

(1) 投标截止时间为自招标文件停止出售之日起的第十五日上午 9 时整。

(2) 接受投标文件的最早时间为投标截止时间前72小时。

(3) 若投标人要修改、撤回已提交的投标文件，须在投标截止时间24小时前提出。

(4) 投标有效期从发售招标文件之日起计算，共90天。

招标文件同时规定：建筑工程应由具有一级以上资质的企业承包，安装工程和装修工程应由具有二级以上资质企业承包，招标人鼓励投标人组成联合体投标。

在参加投标的企业中，A、B、C、D、E、F为建筑公司，G、H、J、K为安装公司，L、N、P为装修公司，除了K公司为二级企业外，其余均为一级企业，上述企业分别组成联合体投标，各联合体组成如表4—1所示。

表4—1

联合体编号	Ⅰ	Ⅱ	Ⅲ	Ⅳ	Ⅴ	Ⅵ	Ⅶ
联合体组成	A、L	B、C	D、K	E、H	G、N	F、J、P	E、L

在上述联合体中，某联合体协议中规定：若中标，由牵头人与招标人签订合同，然后将联合体协议送交招标人；联合体所有与业主方的联系工作以及内部协调工作均由牵头人负责，各成员单位按投入比例分享利润并向招标人承担责任，且需向牵头人支付各自所承担合同金额部分1%的管理费。

问题：

1. 该项目估价为80万元的设备采购是否可以不招标？说明理由。

2. 分别指出招标人对投标有关时限的规定是否正确，说明理由。

3. 按联合体的编号，判别各联合体的投标是否有效？若无效，说明原因。

4. 指出上述联合体协议内容的错误之处，说明理由或写出正确做法。

答案：

1. (本小题1.5分)

不能不招标；　(0.5分)

理由：项目总投资超过了3000万元。　(1.0分)

2. (本小题6.0分)

“(1)”不妥；　(0.5分)

理由：自招标文件出售之日至投标截止时间不少于20天。　(1.0分)

“(2)”不妥；　(0.5分)

理由：投标截止时间前的任何时间均应接受投标文件。　(1.0分)

“（3）”不妥；（0.5分）

理由：投标截止时间前的任何时间，投标人均可修改、撤回投标文件。（1.0分）

“（4）”不妥；（0.5分）

理由：投标有效期从投标截止时间开始计算。（1.0分）

3.（本小题5.0分）

（1）Ⅰ无效；（0.5分）

理由：L投标人不得参加两个联合体投标。（0.5分）

（2）Ⅱ有效。（0.5分）

（3）Ⅲ有效。（0.5分）

（4）Ⅳ无效；（0.5分）

理由：E投标人不得参加两个联合体投标。（0.5分）

（5）Ⅴ有效。（0.5分）

（6）Ⅵ有效。（0.5分）

（7）Ⅶ无效；（0.5分）

理由：E、L投标人不得参加两个联合体投标。（0.5分）

4.（本小题7.5分）

（1）“若中标，由牵头人与招标人签订合同”不妥；（0.5分）

理由：若中标，应由联合体各方共同与招标人签订合同。（1.0分）

（2）“然后将联合体协议送交招标人”不妥；（0.5分）

理由：联合体协议应在投标截止时间前与投标文件一并提交招标人。（1.0分）

（3）“联合体所有与业主方的联系工作均由牵头人负责”不妥；（0.5分）

理由：应经各方法定代表人书面委托授权后，牵头人才能进行这些工作。（1.0分）

（4）“各成员单位按投入比例分享利润”不妥；（0.5分）

理由：各成员单位应按各自所承担合同金额获得利润。（1.0分）

（5）“并向招标人承担责任”不妥；（0.5分）

理由：联合体各方应当向招标人承担连带责任。（1.0分）

案例二：造价2011年真题

某市政府投资一建设项目，法人单位委托招标代理机构采用公开招标方式代理招标，并委托有资质的工程造价咨询企业编制了招标控制价。

招投标过程中发生了如下事件。

事件 1：招标信息在招标信息网上发布后，招标人考虑到该项目建设工期紧，为缩短招标时间，而改为邀请招标方式，并要求在当地承包商中选择中标人。

事件 2：资格预审时，招标代理机构审查了各个潜在投标人的专业、技术资格和技术能力。

事件 3：招标代理机构确定招标文件出售时间为 3 日；要求投标保证金为招标项目估算价的 5%。

事件 4：开标后，招标代理机构组建了评标委员会，由技术专家 2 人、经济专家 3 人、招标人代表 1 人、该项目主管部门主要负责人 1 人组成。

事件 5：招标人向中标人发出中标通知书后，向其提出降价要求，双方经多次谈判，签订了书面合同，合同价比中标价降低 2%。招标人在与中标人签订合同 3 周后，退还了未中标的其他投标人的投标保证金。

问题：

1. 说明编制招标控制价的主要依据。

2. 指出事件 1 中招标人行为的不妥之处，说明理由。

3. 事件 2 中还应审查哪些内容？

4. 指出事件 3、事件 4 中招标代理机构行为的不妥之处，说明理由。

5. 指出事件 5 中招标人行为的不妥之处，说明理由。

答案：

1.（本小题 3.0 分）

（1）工程量清单计价规范。（0.5 分）

（2）技术标准、技术文件。（0.5 分）

（3）设计文件、相关资料。（0.5 分）

（4）工程量清单及招标文件的其他要求。（0.5 分）

（5）国家、行业发布的定额。（0.5 分）

（6）造价管理机构发布的造价信息。（0.5 分）

2.（本小题 2.5 分）

（1）“改为邀请招标方式”不妥；（0.5 分）

理由：政府投资一建设项目应当公开招标，如果项目技术复杂，经有关主管部门批准，才能进行邀请招标。（1.0 分）

（2）“要求在当地承包商中选择中标人”不妥；（0.5 分）

理由：招标人不得对投标人实行歧视待遇。（0.5 分）

3.（本小题 2.5 分）

（1）资质证书和营业执照。（0.5 分）

(2) 资金、设备状况，管理能力，经验、信誉和相应的从业人员情况。(0.5 分)

(3) 是否处于被责令停业，投标资格被取消，财产被接管、冻结。(0.5 分)

(4) 近 3 年内是否有骗取中标和严重违约及重大工程质量事故问题。(0.5 分)

(5) 是否符合法律、行政法规规定的其他资格条件。(0.5 分)

4.（本小题 7.5 分）

(1)“招标文件出售的起止时间为 3 日”不妥；(0.5 分)

理由：招标文件自出售之日起至停止出售之日至不得少于 5 日。(1.0 分)

(2)“要求投标保证金为 5%”不妥；(0.5 分)

理由：投标保证金不得超过投标总价的 2%。(1.0 分)

(3)“开标后组建评标委员会”不妥；(0.5 分)

理由：评标委员会应于开标前组建。(1.0 分)

(4)“招标代理机构组建了评标委员会”不妥；(0.5 分)

理由：评标委员会应由招标人负责组建。(1.0 分)

(5)“该项目主管部门主要负责人 1 人”不妥；(0.5 分)

理由：项目主管部门的人员不得担任评委。(1.0 分)

5.（本小题 4.5 分）

(1)“向其提出降价要求”不妥；(0.5 分)

理由：确定中标人后，不得就报价、工期等实质性内容进行变更。(1.0 分)

(2)“双方经多次谈判，签订了书面合同，合同价比中标价降低 2%”不妥；(0.5 分)

理由：中标通知书发出后的 30 日内，招标人与中标人依据招标文件与中标人的投标文件签订合同，不得再行订立背离合同实质内容的其他协议。(1.0 分)

(3)“招标人在与中标人签订合同 3 周后，退还了未中标的其他投标人的投标保证金”不妥；(0.5 分)

理由：应在签订合同后的 5 日内，退还未中标的其他投标人的投标保证金。(1.0 分)

案例三：

某政府投资建设的大型市政工程，招标人以公开招标方式自行组织招标，共有15家投标申请人报名。招标过程中发生了如下事件。

事件1：共有12家投标申请人通过资格预审，招标人对该12家投标申请人进行了公示，并以电话形式通知其资格预审合格。

事件2：招标文件发售前，招标人组织了现场勘察；在现场勘察过程中，某投标申请人对招标文件中的地质情况提出质疑；招标人于投标截止时间前10天，向该投标申请人进行了答疑。

事件3：评标委员会按招标文件中规定的经评审的最低投标价法进行了评标，其中A投标人的报价最低，但评标委员会认为该报价低于其成本。评标委员会经评审后，推荐第一、二、三名中标候选人依次为B、C、D投标人。招标人认为B投标人资信情况较差，拟与C投标人签订合同。

事件4：在投标有效期截止时间前20天，招标人确定了中标人，并同时向中标人发出了中标通知书，但中标人以该项目利润太低为由拒绝与招标人签订合同。

问题1. 指出招标人在招标过程中做法的不妥之处？说明原因。

2. 事件3中评标委员会应如何认定A的报价低于其成本？

3. 事件4中中标人拒绝与招标人签订合同时，应对中标人如何处理？

答案：

1. （本小题14.0分）

（1）事件1中：

“招标人对该12家投标申请人进行了公示”不妥；（1.0分）

因为招标人不得透露潜在投标人的名称和数量。（1.0分）

“并以电话形式通知其资格预审合格”不妥；（1.0分）

因为招标人应以书面形式通知所有参加资格预审的投标申请人。（1.0分）

（2）事件2中：

“招标文件发售前，招标人组织了现场勘察”不妥；（1.0分）

因为招标文件发售后，招标人方可组织现场勘察。（1.0分）

“招标人于投标截止时间前10天，向该投标申请人进行了答疑”不妥；（1.0分）

因为招标人应于投标截止时间15天前，将书面答疑发给所有购买招标文件的投标申请人。（1.0分）

（3）事件3中：

“招标人认为B投标人资信情况较差，拟与C投标人签订合同”不妥；（1.0分）

因为招标人应与排名第一的中标候选人签订合同。（1.0分）

（4）事件4中：

“在投标有效期截止时间前20天，招标人确定了中标人”不妥；（1.0分）

因为应当在投标有效期截止时间30个工作日前，确定中标人。（1.0分）

“并同时向中标人发出了中标通知书”不妥；（1.0分）

因为招标人应当在确定中标人后的15日内向有关行政主管部门提交书面报告，有关行政主管部门接到报告后5日内未提出异议的，招标人方可发出中标通知书。（1.0分）

2.（本小题3.0分）

认为A的报价可能低于其成本时，应当要求A做出书面说明并提供证明资料；（1.0分）

如A不能做出合理的书面说明或不能提供证明资料；（1.0分）

评标委员会可以认定A的报价低于其成本，作为无效标处理。（1.0分）

3.（本小题3.0分）

（1）没收其投标保证金。（1.0分）

（2）造成的损失超过投标保证金的，要求其赔偿超过部分。（1.0分）

（3）上报有关行政主管部门，请求对该投标人进行行政处罚。（1.0分）

案例四：

某大型工程项目由政府投资，招标人委托招标代理机构代理施工招标。招标代理机构编制的招标文件中规定的投标有效期为90天，评标方法采用经评审的最低投标价法。

在开标及初步评审时出现了如下情况：

（1）A的投标报价为8000万元，经评审的投标价最低，评标委员会对其进行了质疑，A作出了合理的说明并提交了相关证明资料。

（2）B在开标时又提交了一份补充说明，提出可降价5%。

（3）C提交的银行投标保函有效期为80天。

（4）D的投标函盖有企业公章及法定代表人签字，但无项目负责人印章。

（5）E参加了两个联合体的投标，两个联合体均提交了有效的联合体共同投标协议。

（6）F的自报工期长于招标文件要求工期的上限。

（7）G的自报工期短于招标文件要求工期的下限。

（8）H的报价个别项目存在漏项。

(9) I的报价中个别处提供了不完整的技术信息。

(10) J提交了内容不一致的两份投标文件，但未声名哪一份有效。

(11) M报价构成中，基础工程的合计明显高于其他投标人，而装饰工程的合计明显低于其他投标人，尽管招标文件对此没有明确规定废标，但评标委员会认定M使用了不平衡报价法。

(12) N的报价大写大、小写小，经评标委员会校核，N已签字确认。

(13) O的报价中单价与合计不一致，经校核单价小数点错位。

(14) P除提供的检验标准不符合要求外，其他均响应招标文件的实质性要求。

(15) Q的资质升级导致与资格预审时不一致。

经评标委员会初步评审和详细评审，最终确定A中标，中标通知书发出后，招标人与A公司进行了合同谈判，希望A适当压缩工期并适当让利。协商结果是不压缩工期，但让利3%。

问题:

1. 分析上述投标文件是否有效，并对无效投标文件说明原因。

2.《招标投标法》对中标的投标文件应满足的条件作了哪些规定?

3. 招标人与中标人签订合同时，《招标投标法》做了哪些规定?

4. 依据《招标投标法》的规定，该工程的签约合同价为多少?

答案

1.（本小题14.0分）

(1) 有效。 (0.5分)

(2) 原投标文件有效，开标时提交的补充说明无效，因为在投标截止时间后不能修改投标文件。 (1.0分)

(3) 无效，因为投标保函有效期应超过投标有效期至少30日。(1.0分)

(4) 有效。 (0.5分)

(5) 无效，因为E投标人只能参加一个联合体投标或单独投标。 (1.0分)

(6) 无效，因为自报工期长于招标文件要求工期的上限属于重大偏差。 (1.0分)

(7) 无效，因为自报工期短于招标文件要求工期的下限属于重大偏差。 (1.0分)

(8) 有效。 (0.5分)

(9) 有效。 (0.5分)

(10) 无效，因为一个投标人只能提交一份有效的投标文件。 (1.0分)

(11) 有效。 (0.5分)

(12) 有效。 (0.5分)

(13) 有效。 (0.5分)

(14) 无效，因为检验标准不符合招标文件要求属于重大偏差。(1.0分)

(15) 有效。 (0.5分)

2.（本小题4.0分）

中标人的投标文件应当满足下列条件之一：

(1) 最大限度满足招标文件中规定的各项综合评价标准。 (2.0分)

(2) 满足招标文件实质性要求，经评审的投标报价最低，但低于成本的除外。 (2.0分)

3.（本小题3.0分）

招标人与中标人在中标通知书发出后的30日内（1.0分），按照招标文件和中标人的投标文件签订合同（1.0分）；不得另行订立背离合同实质内容的其他协议。 (1.0分)

4.（本小题2.0分）

签约合同价为A的报价：8000万元。 (2.0分)

案例五：2004建筑（三）

背景资料

某省重点工程项目计划于2004年12月28日开工，由于工程复杂，技术难度高，一般施工队伍难以胜任，业主自行决定采取邀请招标方式。于2004年9月8日向通过资格预审的A、B、C、D、E五家施工承包企业发出了投标邀请书。该五家企业均接受了邀请，并于规定时间9月20—22日购买了招标文件。招标文件中规定，10月18日下午4时是招标文件规定的投标截止时间，11月10日发出中标通知书。

在投标截止时间之前，A、B、D、E四家企业提交了投标文件，但C企业于10月18日下午5时才送达，原因是中途堵车。10月21日下午由当地招投标监督管理办公室主持进行了公开开标。

评标委员会成员共有7人组成，其中当地招投标监督管理办公室1人、公证处1人、招标人1人、技术经济方面专家4人。评标时发现E企业投标文件虽无法定代表人签字和委托人授权书，但投标文件均已有项目经理签字并加盖了单位公章。评标委员会于10月28日提出了书面评标报告。B、A企业分列综合得分第一，第二名。由于B企业投标报价高于A企业，11月10日招标人向A企业发出了中标通知书，并于12月12日签订了书面合同。

问题：

1. 业主自行决定采取邀请招标方式的做法是否妥当？说明理由。

2. C 企业和 E 企业投标文件是否有效？分别说明理由。

3. 请指出开标工作的不妥之处，说明理由。

4. 请指出评标委员会成员组成的不妥之处，说明理由。

5. 招标人确定 A 企业为中标人是否违规？说明理由。

6. 合同签订的日期是否违规？说明理由。

答案：

1. （本小题 2.0 分）

不妥当； （1.0 分）

理由：根据相关法规规定：省重点工程项目应当公开招标，如因工程复杂、技术难度高，经有关主管部门批准后，方可进行邀请招标。 （1.0 分）

2. （本小题 4.0 分）

（1）C 企业投标文件无效； （1.0 分）

理由：根据相关法规规定：任何投标文件均应在投标截止时间前提交给招标人，逾期送到的投标文件，招标人应当拒收。 （1.0 分）

（2）E 企业投标文件无效； （1.0 分）

理由：根据相关法规规定：任何投标文件均应由企业法定代表人签字并加盖公章，如委托代理人办理投标事宜，应有委托授权书原件。 （1.0 分）

3. （本小题 4.0 分）

（1）“10 月 21 日下午进行了公开开标”不妥； （1.0 分）

理由：根据相关法规规定：在投标截止时间的同一时间举行开标会议。招标文件中规定，10 月 18 日下午 4 时是招标文件规定的投标截止时间，应在该时间开标。 （1.0 分）

（2）“由当地招投标监督管理办公室主持进行了公开开标”不妥； （1.0 分）

理由：根据相关法规规定：应由招标人或招标代理机构主持开标会议。 （1.0 分）

4. （本小题 6.0 分）

（1）“当地招投标监督管理办公室 1 人”不妥； （1.0 分）

理由：根据相关法规规定：评标委员会成员由招标人代表和技术、经济专家组成，政府工作人员不能作为评标委员会成员。 （1.0 分）

（2）“公证处 1 人”不妥； （1.0 分）

理由：根据相关法规规定：评标委员会成员由招标人代表和技术、经济

专家组成，公证处的人员不能作为评标委员会成员。 (1.0分)

(3)“技术经济方面专家4人”不妥； (1.0分)

理由：根据相关法规规定：评标委员会成员组成中技术、经济专家不得少于成员总数的2/3。评标委员会成员共有7人组成：7×2/3=5人。

5.（本小题2.0分）

招标人确定A企业为中标人是违规的； (1.0分)

理由：根据相关法规规定：招标人应确定排名第一的B企业为中标人 (1.0分)

6.（本小题2.0分）

合同签订的日期是违规的； (1.0分)

理由：根据相关法规规定：招标人发出中标通知书后的30日内，依据招标文件和中标人的投标文件与投标人签订书面合同。 (1.0分)

案例六：2005建筑（二）部分内容

背景资料

某投资公司建造一幢办公楼，采用公开招标方式选择施工单位。招标文件要求：提交投标文件和投标保证金的截止时间为2003年5月30日。该投资公司于2003年3月6日发出招标公告，共有5家建筑施工单位参加了投标。第5家施工单位于2003年6月2日提交投标保证金。开标会于2003年6月3日由该省建委主持。第4家施工单位在开标前向投资公司要求撤回投标文件和退还投标保证金。经过综合评选，最终确定第2家施工单位中标。

问题：

1. 第5家施工单位提交投标保证金的时间对其投标文件产生什么影响？为什么？

2. 第4家施工单位撤回投标文件，招标方对其投标保证金应如何处理？为什么？

3. 上述招标投标过程中，有哪些不妥之处？请说明理由。

答案：

1.（本小题2.0分）

导致第5家施工单位的投标文件被拒收，应当作为废标处理； (1.0分)

因为根据相关规定，投标保证金必须在投标截止时间前提交，否则，投标文件被拒收，作废标处理。 (1.0分)

2.（本小题2.0分）

没收第4家施工单位的投标保证金； (1.0分)

因为根据相关规定，在投标截止时间后投标人不得要求撤回其投标文件和退还投标保证金，否则，没收其投标保证金。（1.0 分）

3.（本小题 4.0 分）

不妥之处：

(1)“第 5 家施工单位于 2003 年 6 月 2 日提交投标保证金”不妥；（0.5 分）

因为根据相关规定，投标保证金应随同投标文件在投标截止时间前提交。（0.5 分）

(2)“开标会于 2003 年 6 月 3 日举行”不妥；（0.5 分）

因为根据相关规定，开标应在投标截止时间的同一时间进行。（0.5 分）

(3)“开标会由该省建委主持”不妥；（0.5 分）

因为根据相关规定，开标会由招标人或招标代理机构主持。（0.5 分）

(4)“第 4 家在开标前要求撤回投标文件和退还投标保证金”不妥；（0.5 分）

因为在投标截止时间后投标人不得撤回其投标文件和退还投标保证金。（0.5 分）

案例七：2005 机电（三）

背景资料

某省投资修建一条 80km 长的 220kV 高压输电线路，招标人为该省电力公司。

招标阶段，招标人向具备承担此项目施工能力的 A、B、C、D、E 五家送变电工程公司发出投标邀请，五家送变电工程公司均接受邀请，并按招标文件的要求提交了投标文件。

招标工作进入评标阶段，由该省电力公司招标办公室直接确定并组成评标委员会。该委员会共由 15 人组成，其中省电力公司基建部 4 人，省电力公司招标办 2 人，本系统技术经济专家 5 人，外系统技术经济专家 4 人。

评标时，按照招标文件确定的综合评标标准，这五家投标单位的综合得分，按由高到低的顺序排列，依次为 D、C、B、E、A。但从五个投标人的报价来看，由低到高依次为 B、C、D、E、A。因此，在确定中标人之前，招标人与投标人 D 进行了谈判，希望投标人 D 降低价格。结果投标人 D 以书面方式承诺将价格降到略低于投标人 C 的报价水平，最终该省电力公司与 D 送变电工程公司签订了合同。

问题：

1. 上述项目是否必须以招投标的方式确定承包人？哪些项目必须以招标的方式确定承包人？

2. 请指出该项目在招标阶段存在的不妥之处，并说明理由。

3. 请指出该项目在评标阶段存在的不妥之处，并说明理由。

答案：

1.（本小题 6.0 分）

（1）该项目必须以招投标的方式确定承包人；（1.0 分）

理由：该项目属于使用国有资金投资的项目。（2.0 分）

（2）涉及公共利益、公众安全的大型建设项目；（1.0 分）

使用国有资金投资的建设项目；（1.0 分）

使用外国政府贷款或援助资金的建设项目。（1.0 分）

2.（本小题 4.0 分）

"招标人向具备承担此项目施工能力的 A、B、C、D、E 五家送变电工程公司发出投标邀请"不妥；（1.0 分）

理由：根据相关规定：使用国有资金投资的项目应当依法公开招标；如因项目技术复杂，经有关主管部门批准后，方可进行邀请招标。（3.0 分）

3.（本小题 10.0 分）

（1）"招标工作进入评标阶段，确定并组成评标委员会"不妥；（1.0 分）

理由：根据相关规定：评标委员会应在开标前确定。（1.0 分）

（2）"由该省电力公司招标办公室直接确定评标委员会"不妥；（1.0 分）

理由：根据相关规定：招标人应当根据省级评标专家名册随机确定评标委员（1.0 分）

（3）评标委员会的组成不妥；（1.0 分）

理由：根据相关规定：招标人代表不能超过 1/3，技术经济专家不少于 2/3。（1.0 分）

（4）"希望投标人 D 降低价格"不妥；（1.0 分）

理由：根据相关规定：在确定中标人之前，招标人与投标人不得就投标文件的实质性内容进行变更。（1.0 分）

（5）"投标人 D 将价格降到略低于投标人 C 的报价水平"不妥；（1.0 分）

理由：根据相关规定：在投标有效期内，投标人不得就投标文件的实质性内容进行变更，包括报价、工期、质量、方案。（1.0 分）

案例八：2006 建筑（四）部分内容

背景资料

某工程项目难度较大，技术含量较高，经有关招投标主管部门批准采用邀请招标方式招标。业主于 2001 年 1 月 20 日向符合资质要求的 A、B、C 三家承包商发出投标邀请书，A、B、C 三家承包商均按招标文件的要求提交了投标文件，最终确定 B 承包商中标，并于 2001 年 4 月 30 日向 B 承包商发出了中标通知书。之后由于工期紧，业主口头指令 B 承包商先做开工准备，再签订工程承包合同。B 承包商按照业主要求进行了施工场地平整等一系列准备工作，但业主迟迟不同意签订工程承包合同。2001 年 6 月 1 日，业主又书面函告 B 承包商，称双方尚未签订合同，将另行确定他人承担本项目施工任务。B 承包商拒绝了业主的决定。

问题：

1. 指出本案例招、投标过程中哪些文件属于要约邀请、要约和承诺？

2. 业主迟迟不与 B 承包商签订合同，是否符合《招标投标法》的规定？说明理由。

3. 在业主以尚未签订合同为由另行确定他人承担本项目施工任务时，B 承包商可采取哪些保护自身合法权益的措施？

答案：

1. （本小题 6.0 分）

（1）要约邀请：业主发出的投标邀请书。（2.0 分）

（2）要约：投标人提交的投标文件。（2.0 分）

（3）承诺：业主发出的中标通知书。（2.0 分）

2. （本小题 3.0 分）

不符合《招标投标法》的规定；（1.0 分）

因为《招标投标法》的规定：业主发出了中标通知书后的 30 日内，应当与中标人依据招标文件和中标人的投标文件签订书面合同。（2.0 分）

3. （本小题 8.0 分）

（1）与业主协商，继续要求签订合同。（2.0 分）

（2）请第三方调解，继续要求签订合同。（2.0 分）

（3）向招标监督管理机构投诉。（2.0 分）

（4）向法院起诉。（2.0 分）

案例九：2007 建筑（四）

背景资料

某大型工程，由于技术特别复杂，对施工单位的施工设备和同类工程的施工经验要求较高，经省有关部门批准后决定采取邀请招标方式。招标人于2007年3月8日向通过资格预审的A、B、C、D、E五家施工承包企业发出了投标邀请书，五家企业接受了邀请并于规定时间内购买了招标文件。招标文件规定：2007年4月20日下午4时为投标截止时间，5月10日发出中标通知书。

在4月20日上午A、B、D、E四家企业提交了投标文件，但C企业于4月20日下午5时才送达。4月23日由当地投标监督办公室主持进行了公开开标。

评标委员会共有7人组成，其中当地招标办公室1人，公证处1人，招标人1人，技术经济专家4人。评标时发现B企业投标文件有项目经理签字并盖了公章，但无法定代表人签字和授权委托书；D企业投标报价的大写金额与小写金额不一致；E企业对某分项工程报价有漏项。招标人于5月10日向A企业发出了中标通知书，双方于6月12日签订了书面合同。

问题：

1. 该项目采取的招标方式是否妥当？说明理由。

2. 分别指出对B企业、C企业、D企业和E企业投标文件应如何处理，并说明理由。

3. 指出开标工作的不妥之处，并说明理由。

4. 指出评标委员会人员组成的不妥之处。

5. 指出招标人与中标企业6月12日签订合同是否妥当，并说明理由。

答案：

1. （本小题4.0分）

妥当； （2.0分）

理由：该工程采用邀请招标方式，已经省有关部门审查批准。 （2.0分）

2. （本小题8.0分）

（1）对B企业投标文件应作废标处理； （1.0分）

理由：根据相关法规规定：投标文件应由企业法定代表人签字并加盖公章；如果法定代表人委托代理人投标，必须有委托授权书原件。 （1.0分）

（2）对C企业投标文件应作废标处理； （1.0分）

理由：根据相关法规规定：投标截止时间后送达的投标文件，招标人拒

收　　　　(1.0分)

(3) D企业投标文件有效；　　　　(1.0分)

理由：根据相关法规规定：投标报价的大写金额与小写金额不一致，以大写为准，但评标委员会应及时要求D投标人签字确认。　　　　(1.0分)

(4) E企业投标文件有效；　　　　(1.0分)

理由：根据相关法规规定：个别分项工程报价有漏项的属于细微偏差，不影响投标文件的有效性。　　　　(1.0分)

3.(本小题8.0分)

(1)“4月23日进行了公开开标”不妥；　　　　(2.0分)

理由：根据相关法规规定：开标时间应为投标截止时间的同一时间。

(2.0分)

(2)“由当地投标监督办公室主持进行了公开开标”不妥；　　　　(2.0分)

理由：根据相关法规规定：开标应由招标人或招标代理机构主持。

(2.0分)

4.(本小题6.0分)

(1)“当地招标办公室1人”不妥；　　　　(1.0分)

理由：根据相关法规规定：评标委员会成员由招标人代表和技术、经济专家组成，政府工作人员不能作为评标委员会成员。　　　　(1.0分)

(2)“公证处1人”不妥；　　　　(1.0分)

理由：根据相关法规规定：评标委员会成员由招标人代表和技术、经济专家组成，公证处的人员不能作为评标委员会成员。　　　　(1.0分)

(3)“技术经济方面专家4人”不妥；　　　　(1.0分)

理由：根据相关法规规定：评标委员会成员组成中技术、经济专家不得少于成员总数的2/3。评标委员会成员共有7人组成：7×2/3=5人。

(1.0分)

5.(本小题4.0分)

不妥当；　　　　(2.0分)

理由：根据相关法规规定：招标人发出中标通知书后的30日内，依据招标文件和中标人的投标文件与投标人签订书面合同。　　　　(2.0分)

第五章　合同管理

第一节　合同管理核心考点

考点一：合同构成

1. 文本构成

住建部与国家工商总局发布的《建设工程施工合同（示范文本）》（GF－2013－0201）由《合同协议书》《通用条款》《专用条款》三部分组成，并附有三个附件：《承包人承揽工程项目一览表》《发包人供应材料设备一览表》《工程质量保修书》。

2. 合同的文件构成及解释顺序

1）协议书；

2）中标通知书（如果有）；

3）投标函及其附录（如果有）；

4）专用合同条款及其附件；

5）通用合同条款；

6）技术标准和要求；

7）图纸；

8）已标价工程量清单或预算书；

9）其他合同文件。

上述各项合同文件包括合同当事人就该项合同文件所作出的补充和修改，属于同一类内容的文件，应以最新签署的为准。在合同订立及履行过程中形成的与合同有关的文件均构成合同文件组成部分，并根据其性质确定优先解释顺序。

考点二：发包人义务和责任

1. 付款

①承担由此增加的费用；②延误的工期应顺延；③支付承包人合理的利

润；④按央行贷款利率支付利息【索赔款的利息包括：①拖期付款的利息；②由于工程变理和工程延期增加投资的利息；③索赔款的利息；④错误扣款的利息。具体采用的利率有下列几种：①按当时的银行货款利率；②按当时银行透支利率；③按合同双方协议的利率；④按中央银行贴现率加三个百分点】。

2. 办证

①用地规划许可证；②工程规划许可证；③工程施工许可证（之前办理质量监督手续）；④审批手续：临时水电占地中断道路。

3. 提供

①施工场地；②施工条件（三通一平）；③地下基础资料；④周边基础资料；⑤工程测量定位；⑥设计图纸；⑦标准规范；⑧资金证明；⑨支付担保。

4. 组织

前：①图纸会审；②设计交底。

中：检查隐蔽。

后：①竣工验收；②联动试车。

考点三：监理人义务和责任

1. 签发（经发包人批准）

①开工令；②停工令；③复工令；④变更指令。

2. 审查承包人提交的书面文件

前：施工组织设计、专项施工方案、施工进度计划；

中：关于进度、质量、进度款的报告和报表；

后：工程竣工申请报告、竣工结算申请报告。

3. 施工过程中随时检查

①人；②材；③机；④法；⑤环；⑥施工质量；⑦安全；⑧进度；但不能影响施工方正常施工，否则赔费用、工期、利润。

4. 验收

①隐蔽工程；②检验批；③分项工程；④分部工程；⑤单位工程预验收。

5. 协调矛盾，力求一致，总监审慎公正做出决定，没有异议：执行，有异议：争议。

考点四：承包人义务和责任

1. 总包合同对承包人的规定

1）完成

①按质、量、期完成施工任务；

②承担缺陷责任期修复责任；

③履行保修义务：

一）基础设施工程、房屋建筑的地基基础工程和主体结构工程，为设计文件规定的该工程的合理使用年限；

二）屋面防水工程、有防水要求的卫生间、房间和外墙面的防渗漏，为5年；

三）供热与供冷系统，为2个采暖期、供冷期；

四）电气管线、给排水管道、设备安装和装修工程，为2年。

2）编制

前：施工组织设计、专项技术方案、施工进度计划；

中：关于进度、质量、进度款的报告和报表；

后：工程竣工申请报告、竣工结算申请报告。

3）采取措施

①质量；②安全；③环保；④进度；⑤文明施工。

4）检查

工序三检：自检、互检、专检；隐蔽工程、检验批、分项工程分部工程、单位工程。

2. 专业分包合同对承包人的规定

1）付款

①承担由此增加的费用；②延误的工期应顺延；③支付承包人合理的利润；④按央行贷款利率支付利息。

2）办证

①用地规划许可证；②工程规划许可证；③工程施工许可证；④审批手续：临时水电占地中断道路。

3）提供

①施工场地；②施工条件（三通一平）；③地下基础资料；④周边基础资料；⑤工程测量定位；⑥设计图纸；⑦标准规范；⑧资金证明；⑨支付担保。

4）组织

开工前：承包人组织分包人参加发包人组织的图纸会审，总包负责设计交底。

5）签转

①开工令；②停工令；③复工令；④变更指令。

6）审查分包人提交的书面文件

前：施工组织设计、专项技术方案、施工进度计划；

中：关于进度、质量、进度款的报告和报表；

后：工程竣工申请报告、竣工结算申请报告。

7）施工过程中随时检查

①人；②材；③机；④法；⑤环；⑥施工质量；⑦安全；⑧进度；但不能影响施工方正常施工，否则赔费用、工期、利润。

8）协调矛盾，力求一致，承包人审慎公正做出决定，没有异议：执行，有异议：争议。

3. 劳务分包合同对承包人的规定

1）付款

①承担由此增加的费用；②延误的工期应顺延；③支付承包人合理的利润；④按央行贷款利率支付利息。

2）提供劳务分包用的临时设施。

3）组织

开工前：承包人组织分包人参加发包人组织的图纸会审，总包负责设计交底。

4）签转

①开工令；②停工令；③复工令；④变更指令。

5）审查承包人提交的书面文件

审查劳务分包人编制月旬施工计划和劳动力计划。

6）施工过程中随时检查

①人；②材；③机；④法；⑤环；⑥施工质量；⑦安全；⑧进度；但不能影响施工方正常施工，否则赔费用、工期、利润。

7）协调矛盾，力求一致

承包人审慎公正做出决定，没有异议：执行，有异议：争议。

考点五：专业分包人义务和责任

1. 完成

①按质、量、期完成施工任务；

②承担缺陷责任期修复责任；

③专业工程的履行保修义务：

一）基础设施工程、房屋建筑的地基基础工程和主体结构工程，为设计文件规定的该工程的合理使用年限；

二）屋面防水工程、有防水要求的卫生间、房间和外墙面的防渗漏，为5年；

三）供热与供冷系统，为2个采暖期、供冷期；

四）电气管线、给排水管道、设备安装和装修工程，为2年。

2. 编制

前：施工组织设计、专项技术方案、施工进度计划；

中：关于进度、质量、进度款的报告和报表；

后：工程竣工申请报告、竣工结算申请报告。

3. 采取措施

①质量；②安全；③环保；④进度；⑤文明施工。

4. 检查

工序三检：自检、互检、专检；隐蔽工程、检验批、分项工程分部工程、单位工程。

考点六：劳务分包人义务和责任

1. 完成施工任务。

2. 编制月旬施工计划和劳动力计划。

3. 班组自检。

考点七：工程分包

1. 分包的原则

1）事前合同约定，事后业主批准；

2）自行完成主体结构（建筑实务含地基基础分部工程），但特殊专业可分包：桩基；

3）有相应资质；

4）不能再分包；

但专业分包可以再劳务分包；专业分包不可再专业分包；劳务分包不能再分包。

2. 违法分包

1）擅自分包；

2）主体分包（含地基基础分部工程）；

3）资质不合格；

4）分包工程再分包。

3. 分包的四权

1）分包工程的审批权—发包人；

2）分包单位的选择权—总包人（承包人）；

3）分包单位的确认权—监理人或发包人；

4）分包单位的管理权—总包人。

分包单位与发包人、监理人不可有工作关系。

4. 连带责任

1）工程分包不解除总包人的任何合同责任和义务；

2）总包人对工程质量、安全负总责；

3）总包人与分包人对分包工程的质量、安全承担连带责任；

4）分包人不服从总包人管理而发生事故，分包人承担主要责任。

5. 转包：承包人将承包到手的工程全部转给他人或肢解后全部分包出去。

（1）允许

1）整个工程发包；

2）单位工程发包、分包；

3）特殊分部、分项工程发包、分包；

（2）不允许转包和肢解发包

不管不干—退出：工程全部转给他人；

只管不干—未退出：肢解后全部分包出去；

一般的分部、分项工程发包属于肢解后发包。

考点八：材料的质量责任

1. 甲供材料

1）提供产品合格证、出厂检验报告；

2）到货 24 小时前通知承包人清点，发包人承担保管费，但已标价清单包含的除外；

3）承包人负责检验，检验费由发包人承担；

4）不合格的不得使用。

2. 自行采购

1）提供产品合格证、出厂检验报告；

2）到货 24 小时前通知监理人检验；

3）未经检验不得使用；

4）不符合要求，运出施工现场，重新采购，增加的费用和延误的工期由承包人承担。

考点九：隐蔽验收的质量责任

1. 验收程序

1）承包人首先应自检；

2）自检合格，48 小时向监理人提交《隐蔽工程报验单》并附相关质量证明材料；

3）监理人审查资料合格后，到现场检查实体；

4）审查和检查均合格，专监签字，承包人方可进行下道工序；

5）如审查或检查不合格，承包人应按监理人要求整改、自检合格后重新报验。

2. 重新检验

1）无论监理人是否组织过验收，当要求重新检验时，承包人应按要求钻孔探测并覆盖；

2）如重新检验合格，费用、工期、利润由发包人承担；

3）如重新检验不合格，费用、工期、利润由承包人承担；承包人按监理人要求整改，自检合格后，重新报验；

4）如私自隐蔽，监理人应要求承包人钻孔探测，不论是否合格，由此增加的费用由承包人承担，延误工期不予顺延；如不合格，承包人应按监理人要求整改，自检合格，重新报验。

考点十：工程试车的质量责任

1. 组织主体

1）单机无负荷试车：承包人，48 小时前通知监理人；

2）联动无负荷试车：发包人，48 小时前通知承包人；

3）联动有负荷试车（投料试车）：发包人，竣工验收后，如果竣工验收前或需承包人配合，应另行签订补充协议。

2. 责任承担

1）设计原因未通过—发包人；

2）设备制造原因未通过—采购方；

3）设备安装原因未通过—承包人。

考点十一：工程变更

1. 变更的范围

1）增加或减少合同中任何工作，或追加额外的工作；

2）取消合同中任何工作，但转由他人实施的工作除外；

3）改变合同中任何工作的质量标准或其他特性；

4）改变工程的基线、标高、位置和尺寸；

5）改变工程的时间安排或实施顺序。

2. 变更权利

1）审批权—发包人；

2）签发权—监理人；

3）设计权—设计人；

4）超越权—政府原审批部门。

3. 变更价款的确定程序

1）承包人应在收到变更指示后 14 天内，向监理人提交变更估价申请；

2）监理人应在收到承包人提交的变更估价申请后 7 天内审查完毕并报送发包人，监理人对变更估价申请有异议，通知承包人修改后重新提交；

3）发包人应在承包人提交变更估价申请后 14 天内审批完毕；发包人逾期未完成审批或未提出异议的，视为认可承包人提交的变更估价申请；

4）因变更引起的价格调整应计入最近一期的进度款中支付。

4. 变更价款的确定

1）已标价工程量清单或预算书有相同项目的，按照相同项目单价认定；

2）已标价工程量清单或预算书中无相同项目，但有类似项目的，参照类似项目的单价认定；

3）变更导致实际完成的变更工程量与已标价工程量清单或预算书中列明的该项目工程量的变化幅度超过 15%的，或已标价工程量清单或预算书中无相同项目及类似项目单价的，按照合理的成本与利润构成的原则，由合同当事人确定变更工作的单价。

考点十二：三类事件

1. 地下化石、文物

施工中，承包人发现地下化石和文物，承包人应立即报告发包人和监理人，并采取保护措施，由此增加的费用和（或）延误的工期由发包人承担。

赔两笔钱：

1）如果现场窝工，给人工窝工费、机械窝工费、材料超期储存费，不取管理费和利润，取规费和税金；

2）采取保护措施，给增加措施的费用，取管理费、规费、税金，不给利润。

2. 不利的物质条件

有经验的承包人在施工现场遇到的不可预见的自然物质条件、非自然的物质障碍和污染物，包括地表以下物质条件和水文条件，但不包括气候条件。承包人应采取克服措施继续施工，并及时通知发包人和监理人，承包人因采取合理措施而增加的费用和（或）延误的工期由发包人承担；

赔两笔钱：

1）如果现场窝工，给人工窝工费、机械窝工费、材料超期储存费，不取管理费和利润，取规费和税金；

2）采取保护措施，给增加措施的费用，取管理费、规费、税金，不给利润。

3. 异常恶劣的气候条件

承包人不能合理预见的客观的风、雨、雪、雹。承包人应采取克服措施继续施工，并及时通知发包人和监理人，承包人因采取合理措施而增加的费用和（或）延误的工期由发包人承担；

赔一笔钱：

1）如果现场窝工，不给人工窝工费、机械窝工费、材料超期储存费，不取管理费和利润，不取规费和税金；

2）采取保护措施，给增加措施的费用，取管理费、规费、税金，不给利润。

考点十三：不可抗力

1. 不可抗力认定标准

不可抗力是指合同当事人在签订合同时不可预见，在合同履行过程中不可避免且不能克服的自然灾害和社会性突发事件，如地震、海啸、瘟疫、骚乱、戒严、暴动、战争和专用合同条款中约定的其他情形。

2. 责任承担

2013 示范文本规定：

不可抗力导致的人员伤亡、财产损失、费用增加和（或）工期延误等后果，由合同当事人按以下原则承担。

1）永久工程、已运至施工现场的材料和工程设备的损坏，以及因工程损坏造成的第三人人员伤亡和财产损失由发包人承担；

2）承包人施工设备的损坏由承包人承担；

3）发包人和承包人承担各自人员伤亡和财产的损失；

4）因不可抗力影响承包人履行合同约定的义务，已经引起或将引起工期延误的，应当顺延工期，由此导致承包人停工的费用损失由发包人和承包人合理分担，停工期间必须支付的工人工资由发包人承担；

5）因不可抗力引起或将引起工期延误，发包人要求赶工的，由此增加的赶工费用由发包人承担；

6）承包人在停工期间按照发包人要求照管、清理和修复工程的费用由发包人承担。

2013清单的规定：

因不可抗力事件导致的费用，发、承包双方应按以下原则分别承担并调整工程价款。

1）工程本身的损害、因工程损害导致第三方人员伤亡和财产损失以及运至施工场地用于施工的材料和待安装的设备的损害，由发包人承担；

2）发包人、承包人人员伤亡由其所在单位负责，并承担相应费用；

3）承包人的施工机械设备损坏及停工损失，由承包人承担；

4）停工期间，承包人应发包人要求留在施工场地的必要的管理人员及保卫人员的费用由发包人承担；

5）工程所需清理、修复费用，由发包人承担；

临时设施、脚手架、模板的损坏，应区分监理工程师和建造师考试，其答案相反，建造师考试的标答中认为这些损失属于工程所需清理、修复费用，由业主承担；而监理工程师考试的标答中认为这些损失属于施工机械设备的损失，由施工方承担。

3. 不可抗力导致合同解除

1）合同解除前承包人已完成工作的价款；

2）承包人为工程订购的并已交付给承包人，或承包人有责任接受交付的材料、工程设备和其他物品的价款；

3）发包人要求承包人退货或解除订货合同而产生的费用，或因不能退货或解除合同而产生的损失；

4）承包人撤离施工现场以及遣散承包人人员的费用；

5）按照合同约定在合同解除前应支付给承包人的其他款项；

6）扣减承包人按照合同约定应向发包人支付的款项；

7）双方商定或确定的其他款项。

除专用合同条款另有约定外，合同解除后，发包人应在商定或确定上述款项后28天内完成上述款项的支付。

考点十四：综合索赔

1. 索赔成立的条件

索赔的成立，应该同时具备三个前提条件：

1）与合同对照，事件已造成了承包人工程项目成本的额外支出，或直接工期损失；

2）造成费用增加或工期损失的原因，按合同约定不属于承包人的行为责任或风险责任；

3）承包人按合同规定的程序和时间提交索赔意向通知和索赔报告。

2. 索赔的程序

1）承包人应在知道或应当知道索赔事件发生后 28 天内，向监理人递交索赔意向通知书，并说明发生索赔事件的事由；承包人未在前述 28 天内发出索赔意向通知书的，丧失要求追加付款和（或）延长工期的权利；

2）承包人应在发出索赔意向通知书后 28 天内，向监理人正式递交索赔报告；索赔报告应详细说明索赔理由以及要求追加的付款金额和（或）延长的工期，并附必要的记录和证明材料；

3）索赔事件具有持续影响的，承包人应按合理时间间隔继续递交延续索赔通知，说明持续影响的实际情况和记录，列出累计的追加付款金额和（或）工期延长天数；

4）在索赔事件影响结束后 28 天内，承包人应向监理人递交最终索赔报告，说明最终要求索赔的追加付款金额和（或）延长的工期，并附必要的记录和证明材料；

5）索赔款与进度款同期支付。

3. 索赔的分类计算

1）工期索赔（见网络计划）；

2）费用索赔，如表 5—1 所示。

表 5—1

索赔原因	是否有权提出索赔	赔偿方法【考试计算以背景为准】
施工方原因	无	0
业主方原因	有	工程量增加赔：人工费、材料费、机具费、管理费、利润、规费、税金。
		工程暂停的赔：人工窝工费、材料只给超期储存费（库存保管费），机械给窝工费，区分自有和租赁两种。不给管理费和利润，给规费和税金。
不可抗力原因	合理分担	

第二节　合同管理经典考题

案例一：

背景资料

某工程，施工合同履行过程中发生如下事件。

事件1：施工合同约定的开工日期前5天，总监向施工单位签发了《监理工程师通知单》要求开工日期推迟2个月，理由是施图设计文件不符合国家强制性标准规定未获得设计审查机构批准。施工单位及时向项目监理机构提出了索赔要求，施工单位的索赔报告中除一般索赔项目外，还强调了两点：(1) 建设单位采购的部分材料已进场，并清点入库；施工单位负责采购的材料已签订购货合同。(2) 按投标文件中编制的进度计划，土方工程在4月中旬开挖、5月中旬完成，因开工日期推迟2个月，土方工程只能在雨季开挖，需增大放坡，并采取系列排水和防雨措施，导致费用大幅度增加，同时土方工程的持续时间预计延长1个月。

事件2：按施工合同约定的开工日期推迟2个月后，因施工许可证尚在办理之中，总监征得建设单位同意，再次书面通知施工单位开工日期推迟7天，施工单位随即提出施工管理人员已到位，租赁的土方机械已进场，不同意再次延期开工。

事件3：土方工程施工过程中，遇到季节性大雨，持续2天，导致基坑坍塌，场内、外主要交通道路被冲毁，大雨过后施工单位及时向项目监理机构提交了索赔报告，其内容如下。

(1) 大雨持续2天，索赔工期2天；人员窝工费2万元，机械损坏修理费3万元，机械窝工费1万元，现场管理增加费0.7万元，合计索赔费用6.7万元。

(2) 基坑坍塌后土方清理费5万元，工期延长2天。

(3) 修复通向施工现场的场外道路2天，增加人工费3万元，机械费1.5万元，材料费4万元。

(4) 修复施工场地内主要交通道路2天，增加人工费3万元，机械费1.5万元，材料费5万元。

以上费用索赔合计29.7万元，工期索赔合计8天。

事件4：土方工程开挖，施工过程中，遇到非季节性特大暴雨，持续2

天，导致基坑坍塌，场内外主要交通道路被冲毁，施工单位清完坍塌土方和修复完道路后及时向项目监理机构提交了索赔报告，其内容如下：

（1）暴雨持续 2 天，索赔工期 2 天；人员窝工费 2 万元，机械损坏修理费 3 万元，机械窝工费 1 万元，现场管理费加费 0.7 万元，合计索赔费用 6.7 万元。

（2）基坑坍塌后土方清理费 5 万元，工期延长 2 天。

（3）修复通向施工现场的场外道路 2 天，增加人工费 3 万元，机械费 1.5 万元，材料费 4 万元。

（4）修复施工场内主要交通道路 2 天，增加人工费 3 万元，机械 1.5 万元，材料费 5 万元。

以上费用索赔合计 29.7 万元，工期索赔合计 8 天。

事件 5：在主体工程某层钢筋混凝土柱子施工过程中，施工单位为赶工期自行决定在夜间边绑筋边浇混凝土，第二天总监在现场巡视检查时发现该层柱子已浇筑完毕，立即向施工单位签发了《工程暂停令》要求剥离，经现场检查合格后，指令施工单位复工，并审查批准了施工单位提出的费用索赔。

问题

1. 事件 1 中，施工单位提出的索赔要求是否理？说明原因。施工单位提交索赔报告可包括哪些项目的费用索赔？

2. 事件 2 中，总监的做法是否正确？说明原因。对于再次延期开工，施工单位是否有否决权？说明原因。

3. 事件 3 中，逐条指出上述索赔要求是否成立？说明原因。监理工程师批准的索赔总额为多少？

4. 事件 4 中，逐条指出上述索赔要求是否成立？说明原因。监理工程师批准的索赔总额为多少？

5. 事件 5 中，指出总监上述做法的不妥之处，说明原因。

答案：

1.（本小题 7.0 分）

（1）合理，因开日期推迟 2 个月是建设单位应承担的责任；开工日期推迟 2 个月导致土方工程只能在雨季施工是施工单位不能合理预见的。

（2.0 分）

（2）索赔报告可包括：

1）人员窝工费； （0.5 分）

2）机械窝工费（或降效费）； （0.5 分）

3）已到场材料增加的保管费；（0.5分）

4）已订货材料逾期提货违约金；（0.5分）

5）增加的管理费；（0.5分）

6）因增大放坡而增加土方量的费用；（0.5分）

7）增加的排水和防雨措施费；（0.5分）

8）因增加土方量而取的适当利润；（0.5分）

9）因增加上述费用应缴纳的规费；（0.5分）

10）因增加上述费用应缴纳的税金。（0.5分）

2.（本小题4.0分）

（1）总监的做法正确，因施工许或证尚未获得，不具备开工条件。（2.0分）

（2）施工单位没有否决权，因施工许可证尚在办理之中，不具备开工条件。（2.0分）

3.（本小题6.0分）

（1）不成立，因季节性大雨是施工单位应承担的风险责任。（1.0分）

（2）不成立，因季节性大雨导致基坑坍塌是施工单位应承担的风险责任。（1.0分）

（3）成立，因保证场外道路在施工期间通畅是建设单位的责任。（1.0分）

（4）成立，因保证场内道路在施工期间通畅是建设单位的责任。（1.0分）

应批准费用索赔总额18万元；应批准工期索赔总额4天。（2.0分）

4.（本小题8.0分）

（1）中“索赔工期2天”成立，因非季节性特大暴雨属于不可抗力，建设单位应承担工期损失风险（或工期应给予顺延）。（2.0分）

（1）中“人员窝工费，机械损坏修理费，机械窝工费，现场管理费”不成立，因不可抗力事件发生后根据风险分担的原则，施工单位应承担这些费用。（1.0分）

（2）成立，因不可抗力造成或基坑坍塌是建设单位应承担的风险。（1.0分）

（3）成立，因保证场外道路通畅是建设单位的责任。（1.0分）

（4）成立，因保证场内道路通畅是建设单位的责任。（1.0分）

应批准费用索赔总额23万元；应批准工期索赔总额8天。（2.0分）

5.（本小题5.0分）

(1)“要求剥离，经现场检查合格后，指令施工单位复工”不妥；（1.0分）

因钢筋工程属于隐蔽工程，应按隐蔽工程的验收程序组织验收，经验收合格后方可指令施工单位竣工。（2.0分）

(2)“审查批准施工单位提出的费用索赔”不妥；（1.0分）

因施工单位擅自隐蔽导致停工损失由施工单位承担责任。（1.0分）

案例二：

背景资料

某工程，施工合同履行过程中发生如下事件。

事件1：主体工程即将封项时，施工单位书面通知监理工程师：“我方现已停工待款。理由：按照合同约定应于20天收到的工程进度款，我方已两次发出要求付款的书面通知建设单位至今尚未作出任何表示。因停工造成的一切损失应由建设单位承担，望监理工程师公正地处理此次停工事宜”。

事件2：施工中，由建设单位负责采购的设备在没有通知施工单位共同清点的情况下就存放在施工现场。施工单位安装时发现该设备的部分部件损坏，对此，建设单位要求施工单位承担损坏赔偿责任。

事件3：屋面工程施工过程中，建设单位供应的卷材因生产厂家发生灾害没有及时到场，致使施工单位停工10天，导致人员窝工，机械降效损失8万元，施工单位及时提出8万元的费用索赔要求。2个月后竣工结算时，需计算工期奖罚数额，施工单位又提出因屋面工程停工待料10天的工期索赔要求。

事件4：在设备安装过程中，施工单位对每台设备均按合同约定的程序组织了单机无负荷试车。全部设备安装完毕，并且单机无负荷试车均合格后，建设单位书面通知项目监理机构要求在工程竣工验收前由总监组织设计单位和施工单位进行投料试车。

问题：

1. 事件1中，根据《建设工程施工合同（示范文本）》的规定，施工单位停工的理由是否妥当？说明原因。监理工程师收到施工单位书面通知后应如何处理此次停工事宜？

2. 事件2中，建设单位做法的不妥之处，说明理由。

3. 事件3中，监理工程师是否批准施工单位的上述索赔要求？说明原因。

4. 事件 4 中，根据《建设工程施工合同（示范文本）》的规定，建设单位上述要求是否正确？说明原因。

答案：

1.（本小题 7.0 分）

（1）妥当，因建设单位未按约定时间支付工程进度款，施工单位已发出要求付款的通知，建设单位接到通知后，既没有付款，也未也施工单位达成延期付款协议，因此导致的停工建设单位应承担违约责任。（4.0 分）

（2）处理工作：

1）书面通知建设单位："施工单位已按合同约定的程序停止施工"；（1.0 分）

2）建议建设单位支付工程款或与施工单位达成延期付款协议；（1.0 分）

3）核实并确认此次停工给施工单位造成的费用和工期损失。（1.0 分）

2.（本小题 4.0 分）

（1）"没有通知施工单位共同清点的情况下就存放在施工现场"不妥，因建设单位负责采购的设备在进场前 24 小时通知施工单位共同清点。（2.0 分）

（2）"要求施工单位承担损坏赔偿责任"不妥，因没有通知施工单位共同清点，部分部件损坏是建设单位应承担的责任。（2.0 分）

3.（本小题 4.0 分）

（1）应批准费用索赔要求，因建设单位供应的卷材没有及时到场，这是建设单位承担的责任。（2.0 分）

（2）不予批准工期索赔要求，因 2 个月后竣工结算时，施工单位提出的工期索赔已经超过了 28 天。（2.0 分）

4.（本小题 5.0 分）

建设单位的要求不正确：（1.0 分）

（1）因为单机无负荷试车均合格后应由建设单位组织联动无负荷试车，联动无负荷试车合格后，方可进行投料试车。（2.0 分）

（2）又因为投料试车应在工程竣工验收后由建设单位负责，如需要在竣工验收前进行投料试车，建设单位应与施工单位达成协议。（2.0 分）

案例三：

背景资料

监理单位承担了某工程的施工阶段监理任务，该工程由甲施工单位总承包。甲施工单位经建设单位同意并经监理单位进行资质审查合格的乙施工单位作为分包单位。

施工过程中发生了以下事件。

事件1：专监在熟悉图纸时发现，基础工程部分设计内容不符合国家有关工程质量标准和规范。总监随即致函设计单位要求改正并提出更改建议方案。设计单位研究后，口头同意了总监的更改方案，总监随即将更改的内容写成监理指令通知甲施工单位执行。

事件2：施工过程中，专监发现乙施工单位施工的分包工程部分存在质量隐患，为此，总监同时向甲、乙两个施工单位发出了整改通知。甲施工单位回函称：乙施工单位施工的工程是经建设单位同意进行分包的，所以本单位不承担该部分工程的质量责任。

事件3：专监在巡视时发现，甲施工单位在施工过程中使用未经报验的建筑材料，若继续施工，该部位将被隐蔽。因此，立即向甲施工单位下达了暂停施工的指令（因甲施工单位的工作对乙施工单位有影响，乙施工单位也被迫停工）。同时，指示甲施工单位将该材料进行检验，并报告了总监。总监对工序停工予以确认，并在合同约定的时间内报告了建设单位。检验报告出来后，证实材料合格，可以使用，总监随即指令施工单位复工。

事件4：乙施工单位就上述停工自身遭受的损失向甲施工单位提出补偿要求，而甲施工单位称此次停工是执行监理指令，乙施工单位应向建设单位提出索赔。

事件5：总监理工程师根据现场反馈的信息及质量记录分析，对某部位隐蔽工程的质量有怀疑，随即指令甲施工单位暂停施工，要求剥离检验。甲施工单位称：该部位隐蔽工程已经专业监理工程师验收，若剥离检验，监理单位需赔偿由此造成的损失并相应延长工期。

问题

1. 事件1中，请指出总监上述行为的不妥之处，并说明理由。

2. 事件2中，甲施工单位的答复是否妥当？为什么？总监签发的整改通知是否妥当？为什么？

3. 事件3中，专监是否有权签发本次暂停令？为什么？

4. 事件4中，甲施工单位的说法是否正确？为什么？乙施工单位的损失应由谁承担？

5. 事件5中，总监的作法是否正确？为什么？试分析剥离检验的可能结果及责任承担。

答案：

1.（本小题4.0分）

(1)“总监随即致函设计单位要求改正并提出更改建议方案”不妥，因总监应报告建设单位，由建设单位要求设计单位改正，并编制设计变更文件。（2.0分）

(2)“总监随即将更改的内容写成监理指令通知甲施工单位执行”不妥，因总监应在接到设计变更文件时，才能签发《工程变更单》，指令通知甲施工单位执行。（2.0分）

2.（本小题6.0分）

(1) 甲施工单位的答复不妥，因甲施工单位是总包单位，工程分包不解除总包单位的任何合同责任和义务；总包单位与分包单位就分包工程的质量承担连带责任。（3.0分）

(2) 总监签发的整改通知不妥，因乙施工单位是分包单位，与建设单位没有合同关系；总监只能向甲施工单位签发，要求甲施工单位指令乙施工单位整改。（3.0分）

3.（本小题2.0分）

专监是无权签发暂停令，因在任何情况下都只能由总监签发工程暂停令。（2.0分）

4.（本小题4.0分）

(1) 甲施工单位的说法不正确，因乙施工单位是分包单位，与建设单位没有合同关系，而与甲施工单位是总分包的合同关系，只能向甲施工单位提出补偿要求。（2.0分）

(2) 乙施工单位的损失应由甲施工单位承担，因建筑材料未经报验是甲施工单位责任事件。（2.0分）

5.（本小题4.0分）

(1) 总监的作法不正确；（1.0分）

因指令甲施工单位暂停施工前，应征得建设单位同意。（1.0分）

(2) 结果及责任承担

1) 结果：合格与不合格；（1.0分）

2) 如检验合格，建设单位承担全部费用，工期相应顺延；如检验不合格，施工单位承担全部费用，工期不予顺延。（1.0分）

案例四：

背景资料

某工程，建设单位与甲施工单位按照《建设工程施工合同（示范文本）》签订了施工合同。经建设单位同意，甲施工单位选择了乙施工单位作为分包单位。在合同履行中，发生了如下事件。

事件1：在施工过程中，甲施工单位的流动资金出现困难，无法按分包合同约定支付乙施工单位的工程款。乙施工单位向项目监理机构提出了支付申请。项目监理机构受理并征得建设单位同意后，即向乙施工单位签发了付款凭证。

事件2：专业监理工程师在巡视中发现，乙施工单位施工的某部位存在质量隐患，专业监理工程师随即向甲施工单位签发了整改通知。甲施工单位回函称，建设单位已直接向乙施工单位付款，因而本单位对乙施工单位施工的工程质量不承担责任。

事件3：工程施工完成后，施工单位按竣工验收有关规定，向建设单位提交了竣工验收报告。建设单位未及时验收，到施工单位提交竣工验收报告后第45天时发生台风，致使工程已安装的门窗玻璃部分损坏。建设单位要求施工单位对损坏的门窗玻璃进行无偿修复，施工单位不同意无偿修复。

问题：

1. 指出事件1中项目监理机构做法是否妥当？说明理由。

2. 在事件2中甲施工单位的说法是否正确？为什么？

3. 在事件3中施工单位不同意无偿修复是否正确？为什么？

4. 如果在工程保修期间发生了由施工单位原因引起的屋顶漏水、墙面剥落等问题，业主在多次催促施工单位修理而施工单位一再拖延的情况下，另请其他施工单位维修，所发生的维修费用应如何处理？

答案：

1.（本小题3.0分）

监理机构的做法不妥；（1.0分）

因乙施工单位是分包单位，与建设单位没有合同关系，未经总承包单位同意，建设单位不得向分包单位支付任何款项。（2.0分）

2.（本小题3.0分）

甲施工单位的说法不正确；（1.0分）

因甲施工单位是总承包单位，工程分包不解除总包单位的任何合同责任和义务，总包单位与分包单位就分包工程的质量承担连带责任。（2.0分）

3.（本小题3.0分）

施工单位不同意无偿修复是正确的；（1.0分）

因建设单位收到竣工验收报告后的28天内未组织竣工验收，视为竣工验收报告已被认可，自29天起，建设单位承担工程的一切意外责任。

（2.0分）

4.（本小题 3.0 分）

（1）在施工单位的保修金中扣除。（1.0 分）

（2）如保修金不足以支付维修费，原施工单位应补足。（1.0 分）

（3）缺陷责任期满后，保修金如有剩余，退还原施工单位。（1.0 分）

案例五：

某建设工程，施工过程中发生了下列事件：

（1）经工程师审核确认的施工方案本身存在缺陷，导致工程被迫停工，因此增加的费用和延误的工期。

（2）因工程师指令错误而增加的费用和延误的工期。

（3）未按有关规定办理噪声手续导致的停工和罚款。

（4）未按有关规定办理施工质量监督手续导致无法开工而延误的工期和增加的费用。

（5）施工现场内的临时用电因接线错误发生短路导致停电而增加的费用和延误的工期。

（6）施工场地外因高压线故障导致停电而增加的费用和延误的工期。

（7）施工场地内主要交通道路因季节性大雨被冲毁后，修复道路而增加的费用和延误的工期。

（8）施工场地周围地下管线因协调不力而增加的费用和延误的工期。

（9）承发包双方对工程质量有争议，由合同约定的检测机构进行停工鉴定，结果符合强制性标准的规定，但没有达到合同约定的质量标准，因返工重做而增加的费用和延误的工期。

（10）工程师对工程质量进行日常性的监督检查影响了正常施工进度，检查结果合格，因此增加的费用和延误的工期。

（11）钢筋工程完成后，施工单位为了抢工期，立即浇注了混凝土，工程师发现后，指令其剥离检查，结果合格，因检查和修复而增加的费用和延误的工期。

（12）对某工程部位的质量有怀疑，该部位隐蔽前施工单位通知了工程师验收，但工程师未参加验收，也未提出延期验收的要求。因工程师要求剥离检查而增加的费用和延误的工期。

（13）单机无负荷试车时，因业主采购设备制造原因未通过，拆除及重新安装而增加的费用和延误的工期。

（14）因临街安全封闭措施不符合规定，政府安全检查后，要求施工单位停工整改而增加的费用和延误的工期。

（15）施工单位为了保证基础工程的质量，经工程师同意超出图纸范围进行重锤夯实，因此增加的费用和延误的工期。

（16）发包人供应材料，承包人按规定进行了检验，经工程师确认后用于工程，事后在一次质量事故中，经检测部门鉴定是因材料质量不合格引发的本次质量事故，该工程部位需返工重做，因此增加的费用和延误的工期。

（17）因设计图纸原因增加的费用和延误的工期。

（18）某施工合同约定的工期奖罚均为3000元/天，合同履行过程中，因不可抗力事件导致工期延误10天，施工单位提出了赶工措施，经工程师同意后修改了原进度计划，因此增加了赶工费。

（19）发包人因工程急于投入使用，与承包人协商一致后签订了提前竣工协议，因此增加的赶工费。

（20）合同履行过程中，因发生了不可抗力事件，发包人要求承包人对已完工程部位采取特殊的保护措施而增加的费用。

（21）经工程师同意，在施工过程中，施工单位使用了某专利技术，因此增加的专利技术费。

（22）在土方开挖过程中，合同约定等级以上的暴雨，使局部土体塌方，清理费用10万元，人员和机械窝工费3万元，现场停工10天。

（23）某道路工程施工过程中，原计划用隧道出渣铺填路面底基层，但施工中发行隧道出渣的级配不合理，需要进一步破碎才能使用，因此增加了费用并延误了工期。

（24）某工程施工过程中正值雨季，地下水位－6m，而2个月前施工单位投标时，招标文件中提供的勘察报告中标明的地下水位为－8.5m，因此增加了降水费用。

问题：

根据《施工合同》通用条款的规定，上述事件引起的索赔是否成立？说明理由。

答案：

“（1）”费用索赔和工期索赔均不成立；

理由：根据通用条款的规定，施工方案本身存在缺陷是施工单位应承担的责任，工程师审核确认并不解除施工单位的任何合同责任和义务。

“（2）”费用索赔和工期索赔均成立；

理由：根据通用条款的规定，工程师指令错误是建设单位应承担的责任。

“（3)”费用索赔和工期索赔均不成立；

理由：根据通用条款的规定，未按有关规定办理噪声手续导致的停工和罚款是施工单位应承担的责任。

“（4)”费用索赔和工期索赔均成立；

理由：根据通用条款的规定，未按有关规定办理施工质量监督手续导致无法开工是建设单位应承担的责任。

“（5)”费用索赔和工期索赔均不成立；

理由：根据通用条款的规定，临时用电因接线错误发生短路导致停电是施工单位应承担的责任。

“（6)”费用索赔和工期索赔均成立；

理由：根据通用条款的规定，施工场地外因高压线故障导致停电是建设单位应承担的责任。

“（7)”费用索赔和工期索赔均成立；

理由：根据通用条款的规定，施工场地内主要交通道路因季节性大雨被冲毁是建设单位应承担的责任。

“（8)”费用索赔和工期索赔均成立；

理由：根据通用条款的规定，施工场地周围地下管线因协调不力是建设单位应承担的责任。

“（9)”费用索赔和工期索赔均不成立；

理由：根据通用条款的规定，只要没有达到合同约定的质量标准就是施工单位应承担的责任。

“（10)”费用索赔和工期索赔均成立；

理由：根据通用条款的规定，检查结果合格，因此增加的费用和延误的工期是建设单位应承担的责任。

“（11)”费用索赔和工期索赔均不成立；

理由：根据通用条款的规定，私自隐蔽工程，不论检查结果如何，均是是施工单位应承担的责任。

“（12)”如检查结果合格，费用索赔和工期索赔均成立；

理由：根据通用条款的规定，重新检验结果合格的，因此增加的费用和延误的工期是建设单位应承担的责任。

如检查结果不合格，费用索赔和工期索赔均不成立；

理由：根据通用条款的规定，重新检验结果不合格的，因此增加的费用和延误的工期是施工单位应承担的责任。

“（13)”费用索赔和工期索赔均成立；

理由：根据通用条款的规定，业主采购设备制造原因未通过试车，这是业主应承担的责任。

“（14）”费用索赔和工期索赔均不成立；

理由：根据通用条款的规定，各类措施费用均已包含在合同价内，临街安全封闭措施不符合规定是施工单位应承担的责任。

“（15）”费用索赔和工期索赔均不成立；

理由：根据通用条款的规定，保证质量的各类措施费用均已包含在合同价内，超出图纸范围进行重锤夯实是施工单位应承担的责任。

“（16）”费用索赔和工期索赔均成立；

理由：根据通用条款的规定，发包人供应材料，材料质量不合格引发的本次质量事故是发包人应承担的责任。

“（17）”费用索赔和工期索赔均成立；

理由：根据通用条款的规定，设计图纸原因是建设单位应承担的责任。

“（18）”费用索赔不成立；

理由：根据通用条款的规定，施工单位提出赶工措施是为了获得工期提前奖或避免延期罚款，因此增加了赶工费是施工单位应承担的责任。

“（19）”费用索赔成立；

理由：根据通用条款的规定，发包人要求提前竣工的，因此增加的赶工费是发包人应承担的责任。

“（20）”费用索赔成立；

理由：根据通用条款的规定，发包人要求采取特殊的保护措施而增加的费用是发包人应承担的责任。

“（21）”费用索赔不成立；

理由：根据通用条款的规定，施工单位要求使用专利技术，因此增加的专利技术费是施工单位应承担的责任。

“(22)”中“使局部土体塌方，清理费用 10 万元，现场停工 10 天”的费用索赔和工期索赔均不成立；

理由：根据通用条款的规定，合同约定等级以上的暴雨属于不可抗力事件，工程损坏、清理费用和工期损失是建设单位应承担的责任。

“人员和机械窝工费 3 万元”的费用索赔不成立；

理由：根据通用条款的规定，发生不可抗力事件后，施工单位的人员和机械窝工费是施工单位应承担的责任。

“（23）”费用索赔和工期索赔均不成立；

理由：根据通用条款的规定，隧道出渣的级配不合理是施工单位应承担的风险责任，是一个有经验的施工单位能够合理预见的。

“（24）”费用索赔和工期索赔均不成立；

理由：根据通用条款的规定，地下水位上涨是一个有经验的施工单位能够合理预见的，这是施工单位应承担的风险责任。

案例六：2005 机电（四）部分内容

背景资料

某工程项目由 A 施工单位承包施工；其中基础工程管桩施工在取得建设单位同意后由 A 施工单位分包给 B 施工单位施工。根据合同约定，全部工程材料由建设单位采购提供。

工程施工中，按工程原定进度计划，3 月 21 日开始进行基础桩施工，但因管桩未到货，推迟到 3 月 30 日才开始施工。

问题：

1. 由于桩基施工推迟，将引起哪些主体之间的索赔？

2. 索赔的项目有哪些？

3. 其中工期索赔是多少天？

答案：

1. （本小题 3.0 分）

（1）B 施工单位向 A 施工单位索赔。（1.0 分）

（2）A 施工单位向建设单位索赔。（1.0 分）

（3）建设单位向管桩生产厂家索赔。（1.0 分）

2. （本小题 3.5 分）

人员窝工费，机械窝工费，材料超储费，管理费，利润，规费，税金。（3.5 分）

3. （本小题 1.0 分）

工期索赔 9 天。（1.0 分）

案例七：2006 建筑（三）部分内容

背景资料

某施工合同中约定开工日期 2005 年 3 月 1 日，乙方每月 25 日向甲方提交已完工程量报告，工程进度款支付时间为次月 8 日。

2005 年 5 月 15 日，项目经理和项目商务经理一起向甲方催要 4 月份工程进度款。甲方说：“监理单位正在对四月份的工程量进行核对，工程进度款还要等一等”。项目经理立即停止施工，以催要工程进度款。

问题：

1. 指出甲方的答复有何不妥之处。

2. 指出乙方停止施工以催要 4 月份工程进度款的做法有何不妥之处。

答案：

1. （本小题 4.0 分）

甲方答复的不妥之处：“监理单位正在对四月份的工程量进行核对，工程进度款还要等一等” （1.0 分）

正确做法：监理单位应在收到乙方提交的已完工程量报告后的 7 天内进行核对；核对期限届满，监理单位未核对完毕的，视为已认可乙方的已完工程量报告；甲方应按合同约定的日期支付工程进度款。 （3.0 分）

2. （本小题 3.0 分）

施工单位做法的不妥之处：“立即停止施工，以催要工程进度款”； （1.0 分）

正确做法：付款期限届满，甲方未支付工程进度款的，项目经理应向甲方发出催告付款通知；甲方收到通知后，仍未支付工程进度款，又未与乙方达成延期付款协议的，乙方可暂停施工，甲方承担违约责任。 （2.0 分）

案例八：2006 建筑（三）部分内容

背景资料

某工程，施工总承包单位（以下简称“乙方”）按《建设工程施工合同（示范文本）》（GF—99—0201）与建设单位（以下简称“甲方”）签订了施工总承包合同。甲方依据合同推荐某电梯安装单位（以下简称“丙方”）作为本项目电梯安装施工单位，丙方与乙方签订了分包合同。甲方委托监理公司对工程实施施工监理。

电梯安装施工过程中，因甲方采购的一部电梯导轨型号到货错误，需要退换。丙方向项目监理机构提出了申请，要求补偿因退换导轨造成的费用损失。监理说：“此事应先找乙方”。丙方找到乙方，乙方项目经理回答：“你们是甲方推荐的，费用直接找甲方要，此事与我们没有关系”。

问题：

1. 丙方向项目监理机构提出费用损失补偿申请是否恰当？说明理由。

2. 乙方项目经理对于丙方提出索赔的回答是否恰当？说明理由。

答案：

1. （本小题 3.0 分）

不恰当； （1.0 分）

理由：丙方与甲方没有合同关系，丙方与乙方有合同关系，乙方与甲方有合同关系，所以，丙方只能向乙方提出索赔，乙方再向监理机构提出索赔。（2.0分）

2.（本小题3.0分）

不恰当；（1.0分）

理由：丙方与甲方没有合同关系，丙方与乙方有合同关系，乙方与甲方有合同关系，所以，丙方只能向乙方提出索赔，乙方再向监理机构提出索赔。（2.0分）

案例九：2009铁路（二）

背景资料

A施工企业以施工总承包方式中标一项新建铁路客运专线工程，因施工资源不足，将其中的一隧道工程（全长3480米）的全部工作内容以内部招标形式交由只具有土石方工程资质的B企业施工，并签订了工程施工合同。施工中，建设单位在一次质量大检查中发现，该隧道已完成的工程中存在严重质量问题。经A企业同意，建设单位委托专业公司对质量缺陷进行了修复。

问题：

1. A企业与B企业之间的合同关系属什么关系？说明理由。

2. 该隧道工程因质量问题造成的修复费用，由谁承担？

答案：

1.（本小题3.0分）

（1）违法分包的总分包合同关系。（1.0分）

（2）理由：隧道属于主体工程，主体工程分包属于违法分包；B企业只有土石方工程资质，不满足相应的资质条件，属于违法分包。（2.0分）

2.（本小题4.0分）

（1）由B企业承担，A企业负连带赔偿责任。（2.0分）

（2）如果A企业承担了全部的修复费用，有权向B企业追偿。（2.0分）

案例十：2009建筑（三）

背景资料

施工总承包单位将地下连续墙工程分包给某具有相应资质的专业公司，未报建设单位审批；依据合同约定将装饰装修工程分别分包给具有相应资质的三家装饰装修公司。上述分包合同均由施工总承包单位与分包单位签订，且均在安全管理协议中约定分包工程安全事故责任全部由分包单位承担。

问题：指出施工总承包单位上述做法的不妥之处，分别说明理由。

答案：

（1）“施工总承包单位将地下连续墙工程分包给某具有相应资质的专业公司，未报建设单位审批”不妥；（1.0分）

理由：根据相关规定：工程分包应依据合同的约定进行；合同中未约定的，应经建设单位同意后，方可进行分包。（1.0分）

（2）“安全协议中约定分包工程安全事故责任全部由分包单位承担”不妥；（1.0分）

理由：根据相关规定：施工总承包单位应对施工现场的安全负总责，并与分包单位就分包工程的安全承担连带责任。（2.0分）

案例十一：2009建筑（四）部分内容

背景资料

某政府机关在城市繁华地段建一幢办公楼。在施工招标文件的附件中要求投标人具有垫资能力，并写明：投标人承诺垫资每增加500万元的，评标增加1分。某施工总承包单位中标后，因设计发生重大变化，需要重新办理审批手续。为了不影响按期开工，建设单位要求施工总承包单位按照设计单位修改后的草图先行开工。

施工中发生了以下事件。

事件1：施工总承包单位的项目经理在开工后又担任了另一个工程的项目经理，于是项目经理委托执行经理代替其负责本工程的日常管理工作，建设单位为此提出异议。

事件2：施工总承包单位以包工包料的形式将全部结构工程分包给劳务公司。

事件3：在底板结构混凝土浇筑过程中，为了不影响工期，施工总承包单位在连夜施工的同时，向当地行政主管部门报送了夜间施工许可申请，并对附近居民进行公告。

事件4：为便于底板混凝土浇筑施工，基坑周围未设临边防护；由于现场架设灯具照明不够，工人从配电箱中接出220V电源，使用行灯照明进行施工。

为了分解垫资压力，施工总承包单位与劳务公司的分包合同中写明：建设单位向总承包单位支付工程款后，总承包单位才向分包单位付款，分包单位不得以此要求总承包单位承担逾期付款的违约责任。

为了强化分包单位的质量安全责任，总、分包双方还在补充协议中约定，分包单位出现质量安全问题，总承包单位不承担任何法律责任，全部由分包单位自己承担。

问题：

1. 建设单位招标文件是否妥当？说明理由。

2. 施工总承包单位开工是否妥当？说明理由。

3. 事件1至事件3中施工总承包单位的做法是否妥当？说明理由。

4. 指出事件4中的错误，并写出正确做法。

5. 分包合同条款能否规避施工总承包单位的付款责任？说明理由。

6. 补充协议的约定是否合法？说明理由。

答案：

1.（本小题3.0分）

不妥当；（1.0分）

理由：根据相关规定：招标人不得要求投标人垫资，并不能把承诺垫资作为加分的条件，这是以不合理的条件限制或排斥投标人。（2.0分）

2.（本小题4.0分）

不妥当；（1.0分）

理由：根据相关规定：施工图设计文件未经审查批准不得使用，建设行政主管部门不得颁发施工许可证；未取得施工许可证，施工单位不得开工。（3.0分）

3.（本小题9.0分）

（1）事件1中，施工总承包单位的做法不妥；（1.0分）

理由：根据相关规定：一个项目经理不应担任两个项目的项目经理。（2.0分）

（2）事件2中，施工总承包单位的做法不妥；（1.0分）

理由：根据相关规定：以包工包料的形式将全部结构工程分包给劳务公司，这属于违法分包行为。（2.0分）

（3）事件3中，施工总承包单位的做法不妥；（1.0分）

理由：根据相关规定：在城市市区范围内从事建筑工程施工，施工总承包单位应在取得夜间施工许可证，并对附近居民进行公告后，方可进行夜间施工。（2.0分）

4.（本小题6.0分）

（1）“底板混凝土浇筑施工时，基坑四周未设临边防护”错误；（1.0分）

正确做法：底板混凝土浇筑施工时，基坑四周必须进行临边防护，包括设置防护栏杆、挡脚板、安全网和警示标志。（2.0分）

（2）“工人从配电箱中接出220V电源，使用行灯照明进行施工”错误；（1.0分）

正确做法：使用行灯照明时，电压不得超过36V。（2.0分）

5.（本小题4.0分）

分包合同条款不能规避施工总承包单位的付款责任；（1.0分）

理由：根据相关规定：合同法律关系是独立的，施工总承包合同和劳务分包合同是两个独立的合同；建设单位依据施工总承包合同支付工程款；总承包单位依据劳务分包合同支付分包工程款，总承包单位不能以建设单位未付工程款为由拒付分包单位的工程款。（3.0分）

6.（本小题4.0分）

补充协议的约定不合法；（1.0分）

理由：根据相关规定：总承包单位依法将部分工程分包的，不解除总承包单位的任何合同责任和义务；总承包单位应当对全部建设工程质量负责，总承包单位与分包单位对分部工程的质量承担连带责任；由总承包单位对施工现场的安全总负责，总承包单位与分包单位对分包工程的安全生产承担连带责任。（3.0分）

案例十二：2011建筑（五）部分内容

背景资料

某建筑工程，合同约定：室内墙体等材料由建设单位采购；建设单位同意施工总承包单位将部分工程依法分包和管理。

施工总承包单位按照“分包单位必须具有营业许可证、必须经过建设单位同意”等分包单位选择原则，选择了裙房结构工程的分包单位。双方合同约定分包工程技术资料由分包单位整理、保管，并承担相关费用。分包单位以建设单位同意为由，直接向建设单位申请支付分包工程款。

问题：指出上述事件中施工总承包单位和分包单位做法的不妥之处，分别说明正确做法。

答案：

（1）“分包单位必须具有营业许可证、必须经过建设单位同意”不妥；（1.0分）

正确做法：分包单位必须具有相应的资质等级证书，并必须经监理单位

资质审查确认合格。（1.0 分）

（2）“选择了裙房结构工程的分包单位”不妥；（1.0 分）

正确做法：裙房结构工程属于主体工程，主体工程分包属于违法分包，主体工程必须由总包单位自行组织施工。（1.0 分）

（3）“双方合同约定分包工程技术资料由分包单位整理、保管”不妥；（1.0 分）

正确做法：工程技术资料由分包单位整理、立卷后，及时移交总包单位，总包单位汇总后移交建设单位。（1.0 分）

（4）“分包单位直接向建设单位申请支付分包工程款”不妥；（1.0 分）

正确做法：分包单位不得与建设单位发生直接工作关系，分包单位应直接向总包单位申请支付分包工程款。（1.0 分）

案例十三：2012 建筑（一）

A 施工单位与建设单位签订了施工总承包合同，合同约定：除主体结构外的其他分部分项工程施工，总承包单位可以自行依法分包，建设单位负责供应油漆等部分材料。

合同履行过程中，

事件 1：由于工期较紧，A 施工单位将其中两栋单体建筑的室内精装修和幕墙工程分包给具备相应资质的 B 施工单位。B 施工单位经 A 施工单位同意后，将其承包范围内的幕墙工程分包给具备相应资质的 C 施工单位组织施工，油漆劳务作业分包给具备相应资质的 D 施工单位组织施工。

事件 2：油漆作业完成后，发现油漆成膜存在质量问题，经鉴定，原因是油漆材质不合格，B 施工单位就由此造成的返工损失向 A 施工单位提出索赔。A 施工单位以油漆是建设单位供应为由，认为 B 施工单位应直接向建设单位提出索赔。

B 施工单位直接向建设单位提出索赔，建设单位认为油漆在进场时已由 A 施工单位进行了质量验证并办理接收手续，其对油漆材料的质量责任已经完成，因油漆不合格而返工的损失应由 A 施工单位承担，建设单位拒绝受理该索赔事件。

问题：

1. 分别判定事件 1 中 A 施工单位、B 施工单位、C 施工单位、D 施工单位之间的分包行为是否合法？并逐一说明理由。

2. 分别指出事件 2 中的错误之处，并说明理由。

答案：

1.（本小题 6.0 分）

（1）A 施工单位向 B 施工单位进行的分包行为合法；（1.0 分）

理由：根据合同约定：除主体结构外的其他分部分工程施工，总承包单位可以自行依法分包；室内精装修和幕墙工程属于非主体工程；B 施工单位具备相应资质。（1.0 分）

（2）B 施工单位向 C 施工单位进行的分包行为不合法；（1.0 分）

理由：根据相关规定：分包单位将分包工程再分包属于违法分包。（1.0 分）

（3）B 施工单位向 D 施工单位进行的分包行为合法；

理由：根据相关规定：分包单位可以将分包工程的劳务作业分包给具备相应资质的劳务分包单位。（1.0 分）

2.（本小题 8.0 分）错误之处：

（1）“A 施工单位认为 B 施工单位应直接向建设单位提出索赔”错误；（1.0 分）

理由：根据相关规定：B 施工单位与建设单位没有合同关系，B 施工单位与 A 施工单位有合同关系，A 施工单位与建设单位有合同关系；B 施工单位只能向 A 施工单位提出索赔，A 施工单位再向建设单位提出索赔。（1.0 分）

（2）“B 施工单位直接向建设单位提出索赔”错误；（1.0 分）

理由：根据相关规定：B 施工单位与建设单位没有合同关系，B 施工单位与 A 施工单位有合同关系，A 施工单位与建设单位有合同关系；B 施工单位只能向 A 施工单位提出索赔，A 施工单位再向建设单位提出索赔。（1.0 分）

（3）“建设单位认为对油漆材料的质量责任已经完成”错误；（1.0 分）

理由：根据相关规定：建设单位负责供应油漆，就要对油漆的质量负责。（1.0 分）

（4）“因油漆不合格而返工的损失应由 A 施工单位承担”错误；（1.0 分）

理由：根据相关规定：建设单位负责供应油漆，因油漆不合格而返工的损失应由建设单位承担。（1.0 分）

第六章　信息管理

案例一：

背景资料

某办公楼工程，在竣工验收时，建设单位要求施工总承包单位和装饰装修工程分包单位将各自的工程资料向项目监理机构移交，由项目监理机构汇总后，再向建设单位移交。

问题：建设单位对工程资料移交的要求是否妥当？并写出正确的做法。

答案：

（1）建设单位工程工资料移交的要求不妥当。（1.0 分）

（2）正确做法：分包单位向施工总承包单位移交分包工程的施工资料；施工总承包单位整理汇总后向建设单位移交全部的施工资料；监理单位向建设单位移交监理资料；建设单位将全部资料汇总后向城建档案管理部门移交。（2.0 分）

案例二：

背景资料

某写字楼工程，建设单位在工程竣工验收后，向备案机关提交的工程竣工验收报告包括工程报建日期、施工许可证号、施工图设计审查意见等内容和验收人员签署的竣工验收原始文件。备案机关要求补充。

问题：建设单位还应补充哪些单位签署的质量合格文件？

答案：

（1）勘察、设计、施工、监理单位分别质量合格文件。（1.0 分）

（2）规划部门出具的认可文件。（1.0 分）

（3）公安消防部门出具的证明文件。（1.0 分）

（4）环境保护部门出具环境验收合格文件。（1.0 分）

（5）施工单位提交的工程质量保修书。（1.0 分）

案例三：2011（五）部分内容

背景资料

某建筑工程，合同履行过程中，发生了下列事件。

事件1：建设单位采购的一批墙体砌块经施工总承包单位进场检验发现，墙体砌块导热性能指标不符合设计文件要求。建设单位以指标值超差不大为由，书面指令施工总承包单位使用该批砌块，施工总承包单位执行了指令。监理单位对此事发出了整改通知，并报告了主管部门。地方行政主管部门依法查处了这一事件。

事件2：地方行政主管部门对施工总承包单位违反施工规范强制性条文的行为，在当地建筑市场诚信记录平台上进行了公布，公布期限为6个月。公布后，当地地方行政主管部门结合企业整改情况，将公布期限调整为4个月。国家住房和城乡建设部在全国进行了公布，公布期限4个月。

问题：

1. 依据《民用建筑节能管理规定》，地方行政主管部门就事件四，可以对建设单位、施工单位、监理单位给予怎样的处罚？

2. 事件五中，地方行政主管部门及国家住房和城乡建设部公布诚信行为记录的做法是否妥当？全国、省级不良诚信行为记录的公布期限各是多少？

答案：

1. （本小题3.0分）

（1）对建设单位的处罚：责令改正，处20万元以上50万元以下的罚款。（1.0分）

（2）对施工单位的处罚：处合同价2%以上4%以下的罚款，责令停业整顿，降低资质等级或者吊销资质证书。（1.0分）

（3）不应对监理单位实施处罚。（1.0分）

2. （本小题5.0分）

（1）当地建设主管部门对不良诚信行为公布的做法不妥当；（1.0分）

理由：当地建设主管部门将确认的不良行为记录在当地发布之日起7d内报建设部，建设部统一在全国公布。（1.0分）

（2）建设部对不良诚信行为公布的做法不妥当；（1.0分）

理由：建设部对不良诚信行为公布期限与地方确定的公布期限相同。（1.0分）

（3）不良诚信行为记录的公布期限一般为6个月至3年，根据整改情况可调整，但最短不小于3个月。（1.0分）

第七章　安全管理

第一节　安全管理核心考点

一、安全管理

安全管理保证项目的检查评定应符合下列规定：

1. 施工组织设计及专项施工方案

1）工程项目部在施工前应编制施工组织设计，施工组织设计应针对工程特点、施工工艺制定安全技术措施；

2）危险性较大的分部分项工程应按规定编制安全专项施工方案；

3）工程项目部应按施工组织设计、专项施工方案组织实施。

2. 安全生产责任制

1）工程项目部应制定以伤亡事故控制、现场安全达标、文明施工为主要内容的安全生产管理目标；

2）工程项目部应建立以项目经理为第一责任人的各级管理人员安全生产责任制；

3）按安全生产管理目标和项目管理人员的安全生产责任制，应进行安全生产责任目标分解；

4）应建立对安全生产责任制和责任目标的考核制度，应对项目管理人员定期进行考核；

5）工程项目部应制定安全生产资金保障制度，应编制安全资金使用计划；

6）工程项目部应按规定配备专职安全员。

3. 安全技术交底

1）施工负责人在分派生产任务时，应对相关管理人员、施工作业人员进行书面安全技术交底；

2）安全技术交底应按施工工序、施工部位、施工栋号分部分项进行；

3）安全技术交底应结合施工作业场所状况、特点、工序，对施工方案、规范标准、操作规程、危险因素和应急措施进行交底；

4）安全技术交底应由交底人、被交底人、专职安全员进行签字确认。

安全技术交底主要包括三个方面：一是按工程部位分部分项进行交底；二是对施工作业固定地点，与工程施工部位没有直接关系的工种，如起重机械、钢筋加工等，应单独进行交底；三是对工程项目的各级管理人员，应进行以安全施工方案为主要内容的交底。

4. 安全检查

1）工程项目部应建立安全检查制度；

2）安全检查应由项目负责人组织，专职安全员及相关专业人员参加，定期进行，并填写检查记录；

3）安全检查的主要形式：日常巡查、经常性安全检查、定期安全检查、季节性安全检查、节假日安全检查、开工、复工安全检查、专项检查、专业性安全检查和设备设施安全验收检查等；

4）安全检查主要方法："看""听""问""量""测"" 转"（运转试验）；

5）安全检查的主要内容：查思想、行为、劳动防护用品使用、查伤亡事故处理，查防护、设备、设施，查责任、制度、措施、教育、培训等；

6）对检查中发现的事故隐患应下达隐患整改通知单，定人、定时、定措施进行整改。重大事故隐患整改后，应由相关部门组织复查：按照谁检查谁复查的原则进行。

5. 安全教育

1）工程项目部应建立安全教育培训制度；

2）当施工人员入场时，工程项目部应组织进行以国家安全法律法规、企业安全制度、施工现场安全管理规定及各工种安全技术操作规程为主要内容的三级安全教育培训和考核：现场应填写三级安全教育台账记录和安全教育人员考核登记表；

3）当施工人员变换工种或采用新技术、新工艺、新设备、新材料施工时，应进行安全教育培训；

4）施工管理人员、专职安全员每年度应进行安全教育培训和考核。

6. 应急救援

1）工程项目部应针对工程特点，进行重大危险源的辨识；应制定防触电、防火灾、防坍塌、防高处坠落、防机械伤害、防物体打击等主要内容的专项应急救援预案，并对施工现场易发生重大安全事故的部位、环节进行监控；

2）施工现场应建立应急救援组织，培训、配备应急救援人员，定期组织员工进行应急救援演练；综合或专项的应急救援演练；

3）按应急救援预案要求，应配备应急救援器材和设备。

二、文明施工

2.1 文明施工保证项目的检查评定应符合下列规定

1. 围挡管理

1）市区主要路段的工地应设置高度不小于 2.5m 的封闭围挡；

2）一般路段的工地应设置高度不小于 1.8m 的封闭围挡；

3）围挡应坚固、稳定、整洁、美观。

2. 封闭管理

1）施工现场进出口应设置大门，并应设置门卫值班室，并应配备门卫值守人员；

2）施工现场出入口应标有企业名称或标识，并应设置车辆冲洗设施；

3）施工人员进入施工现场应佩戴工作卡。

3. 地面管理

1）施工现场的主要道路及材料加工区地面应进行硬化处理；

2）施工现场应有防止扬尘措施，防止泥浆、污水、废水污染环境的措施，设置排水设施；

3）施工现场应设置专门的吸烟处，严禁随意吸烟；温暖季节应有绿化布置。

4. 材料管理

1）建筑材料、构配件应按总平面布局图进行码放；码放应整齐，并应标明名称、规格；码放应采取防火、防雨、防蚀措施；

2）易燃易爆物品应分类储藏在专用库房内，并应制定防火措施；

3）建筑物内施工垃圾的清运，应采用器具或管道运输，严禁随意抛掷。

5. 设施管理

1）施工作业、材料存放区与办公、生活区应划分清晰，并应采取相应的隔离措施；

2）宿舍应设置可开启式窗户，床铺不得超过 2 层，通道宽度不应小于 0.9m，人均面积不应小于 2.5m^2，且不得超过 16 人；在建工程内、伙房、库房不得兼作宿舍；

3）夏季宿舍内应有防暑降温和防蚊蝇措施；冬季宿舍内应有采暖和防一氧化碳中毒措施；生活用品应摆放整齐，环境卫生应良好。

6. 防火管理

1）施工现场临时用房和作业场所的防火设计应符合规范要求；

2）施工现场应设置消防通道、消防水源、灭火器材，并应符合规范要求；

3）明火作业应履行动火审批手续，配备动火监护人。

2.2 文明施工一般项目的检查评定应符合下列规定

1. 综合治理

施工现场应建立治安保卫制度，责任分解落实到人制定治安防范措施。

2. 公示标牌

3. 生活设施

生活垃圾应装入密闭式容器内，并应及时清理。

4. 社区服务

1）夜间施工前，必须经批准后方可进行施工：夜间施工许可证；

2）施工现场应制定防粉尘、防噪声、防光污染等措施；

3）施工现场严禁焚烧各类废弃物。

2.3 施工现场防火细部考点

1. 建立防火制度

1）施工现场都要建立健全防火检查制度；

2）建立动用明火审批制度；

3）建立义务消防队，人数不少于施工总人数的10％。

2. 消防器材的配备

1）临时搭设的建筑物区域内每100m^2配备2只10L灭火器；

2）大型临时设施总面积超过1200m^2，应配有专供消防用的太平桶、积水桶、黄砂池，且周围不得堆放易燃物品；

3）临时木工间、木机间、油漆间等，每25m^2配备一只灭火器；

4）消防车道的宽度不应小于4m，端头处应有12m×12m回车场；

5）消火栓应沿消防车道或堆料场内交通道路的边缘设置；消火栓之间的距离不应大于120m，距路边不大于2m，距拟建房屋不小于5m、不大于25m。

6）消防箱内消防水管长度不小于25m。

3. 施工现场的焊、割作业，严格执行“十不烧”规定：

1）无证者不准进行焊、割作业；

2）无动火审批手续，不准进行焊、割；

3）不了解焊、割现场的周围情况，不得进行焊、割；

4）不了解焊件内部是否有易燃、易爆物时，不得进行焊、割；

5）各种装过可燃气体、易燃液体和有毒物质的容器，未经彻底清洗，或未排除危险之前，不准进行焊、割；

6）用可燃材料保温层、冷却层、隔声、隔热设备的部位，或火星能飞溅到的地方，在未采取切实可靠的安全措施之前，不准焊、割；

7）有压力或密闭的管道、容器，不准焊、割；

8）有易燃易爆物品，在未作清理或未采取有效的安全防护措施前，不准焊、割；

9）与明火作业相抵触的工种在作业时，不准焊、割；

10）与外单位相连的部位，在没有弄清有无险情，或明知存在危险而未采取有效的措施之前，不准焊、割。

无不与未有：无操作证，无动火证；不了解周围，不了解内部；与明火作业相抵触，与外单位相连部位存在危险；未排除危险，未采取措施；有压力容器，有易燃物品。

2.4 施工现场环境保护细部考点

1. 环保申报

在城市市区范围内从事建筑工程施工，项目必须在工程开工 15 日以前向县级以上地方人民政府环境保护管理部门申报登记。

2. 噪声限值

施工期间应遵照《施工场界噪声限值》的规定，制定降噪措施。

3. 夜间施工

确需夜间施工的，应办理夜间施工许可证，并公告附近居民。

4. 光污染

避免或减少施工过程中的光污染。夜间室外照明灯应加设灯罩，透光方向集中在施工现场范围内。电焊作业采取遮挡措施，避免弧光外泄。

5. 污水排放

施工现场污水排放要与县级以上人民政府市政管理部门签署污水排放许可协议，申领《临时排水许可证》。雨水可以直接排入市政雨水管网，污水必须经沉淀处理后方可排入市政污水管网。

6. 油水处理

施工现场设置的食堂，用餐人数在 100 人以上的，应设置简易有效的隔油池，加强管理，定期掏油池油。

7. 有毒材料

施工现场存放化学品等有毒材料、油料，必须对库房进行防渗漏处理，储存和使用都要采取措施，防止渗漏，污染水体。

8. 细粒材料

施工现场使用的水泥和其他易飞扬的细颗粒建筑材料应密闭存放或采取

覆盖措施。混凝土搅拌场所应采取封闭、降尘措施。

9. 固体废物

施工现场产生的固体废弃物应向县级以上地方人民政府环卫部门申报登记，分类存放。建筑垃圾和生活垃圾应与所在地垃圾消纳中心签署环保协议，及时清运处置。有毒有害废弃物应运送到专门的有毒有害废弃物消纳中心。

10. 严禁回填

禁止将有毒有害废弃物作土方回填。

11. 严禁焚烧

除有符合规定的装置外，施工现场内严禁焚烧各类废弃物。

12. 垃圾清运

建筑物内施工垃圾的清运，必须采用相应的容器或管道运输，严禁凌空抛掷。

三、施工用电

3.1 施工用电保证项目的检查评定应符合下列规定

1. 外电防护

1）外电线路与在建工程的安全距离应符合规范要求；当安全距离不符合规范要求时，必须采取绝缘隔离防护措施，并应悬挂明显的警示标志；防护设施与外电线路的安全距离应符合规范要求；

2）外电架空线路正下方不得进行施工、建造临时设施或堆放材料物品。

2. 接地与接零保护系统

1）施工现场专用的电源中性点直接接地的低压配电系统应采用 TN－S 接零保护系统；

2）施工现场配电系统不得同时采用两种保护系统。

3. 配电线路

1）电缆应采用架空或埋地敷设并应符合规范要求，严禁沿地面明设或沿脚手架、树木等敷设；

2）室内明敷主干线距地面高度不得小于 2.5m。

4. 配电箱与开关箱

1）施工现场配电系统应采用三级配电、二级漏电保护系统，用电设备必须有各自专用的开关箱；总配电箱与开关箱应安装漏电保护器，漏电保护器参数应匹配并灵敏可靠；

2）分配箱与开关箱间的距离不应超过 30m，开关箱与用电设备间的距离不应超过 3m。

3.2 **施工用电一般项目的检查评定应符合下列规定**

1. 配电室与配电装置

1）配电室的建筑耐火等级不应低于三级，配电室应配置适用于电气火灾的灭火器材；

2）配电室应设置警示标志、供电平面图和系统图。

2. 现场照明

1）照明用电应与动力用电分设；

2）手持照明灯应采用安全电压供电；

3）施工现场应按规范要求配备应急照明。

3. 用电档案

1）总包单位与分包单位应签订临时用电管理协议，明确各方相关责任；

2）施工现场应制定专项用电施工组织设计、外电防护专项方案，并应履行审批程序，实施后应由相关部门组织验收；

3）用电档案资料应齐全，并应设专人管理。

3.3 **施工用电细部考点**

1. 临时用电组织设计的规定

1）施工现场临时用电设备在 5 台及以上或设备总容量在 50kW 及以上者，应编制用电组织设计；

2）装饰装修工程或其他特殊施工阶段，应孙充编制单项施工用电方案。

2. 强制性条文

下列特殊场所应使用安全特低电压照明器：

1）比较潮湿或灯具离地面高度低于 2.5m 等场所的照明，电源电压不应大于 36V；

2）潮湿和易触及带电体场所的照明，电源电压不得大于 24V；

3）特别潮湿场所的照明，电源电压不得大于 12V。

3. 配电线路布置要求

1）三相四线制线路的 N 线和 PE 线截面不小于相线截面的 50%，单相线路的零线截面与相线截面相同；

2）架空线路必须有短路保护。采用熔断器做短路保护时，其熔体额定电流应小于等于明敷绝缘导线长期连续负荷允许载流量的 1.5 倍；

3）架空线路必须有过载保护。采用熔断器或断路器做过载保护时，绝缘导线长期连续负荷允许载流量不应小于熔断器熔体额定电流或断路器长延时过流脱扣器脱扣电流整定值的 1.25 倍；

4）直接埋地敷设的电缆过墙、过道、过临建设施时，应套钢管保护；

5）任何线路都必须有短路保护和过载保护。

四、《建设工程安全生产管理条例》

1. 建设单位的安全责任

第六条　建设单位应当向施工单位提供施工现场及毗邻区域内供水、供电、供气、供热、通信、广播电视等地下管线资料，水文和气象观测资料，相邻建筑物和构筑物、地下工程的有关资料，并保证资料的真实、准确、完整。

建设单位因建设工程需要，向有关部门或者单位查询前款规定的资料时，有关部门或者单位应当及时提供。

第七条　建设单位不得对勘察、设计、施工、工程监理等单位提出不符合建设工程安全生产法律、法规和强制性标准规定的要求，不得压缩合同约定的工期。

第八条　建设单位在编制工程概算时，应当确定建设工程安全作业环境及安全施工措施所需费用。

第九条　建设单位不得明示或者暗示施工单位购买、租赁、使用不符合安全施工要求的安全防护用具、机械设备、施工机具及配件、消防设施和器材。

第十条　建设单位在申请领取施工许可证时，应当提供建设工程有关安全施工措施的资料。

依法批准开工报告的建设工程，建设单位应当自开工报告批准之日起15日内，将保证安全施工的措施报送建设工程所在地的县级以上地方人民政府建设行政主管部门或者其他有关部门备案。

第十一条　建设单位应当将拆除工程发包给具有相应资质等级的施工单位。

建设单位应当在拆除工程施工15日前，将下列资料报送建设工程所在地的县级以上地方人民政府建设行政主管部门或者其他有关部门备案：

（一）施工单位资质等级证明；

（二）拟拆除建筑物、构筑物及可能危及毗邻建筑的说明；

（三）拆除施工组织方案；

（四）堆放、清除废弃物的措施。

实施爆破作业的，应当遵守国家有关民用爆炸物品管理的规定。

2. 监理单位的安全责任

第十四条　工程监理单位应当审查施工组织设计中的安全技术措施或者专项施工方案是否符合工程建设强制性标准。

工程监理单位在实施监理过程中，发现存在安全事故隐患的，应当要求施工单位整改；情况严重的，应当要求施工单位暂时停止施工，并及时报告建设单位。施工单位拒不整改或者不停止施工的，工程监理单位应当及时向有关主管部门报告。

工程监理单位和监理工程师应当按照法律、法规和工程建设强制性标准实施监理，并对建设工程安全生产承担监理责任。

第五十七条　违反本条例的规定，工程监理单位有下列行为之一的，责令限期改正；逾期未改正的，责令停业整顿，并处10万元以上30万元以下的罚款；情节严重的，降低资质等级，直至吊销资质证书；造成重大安全事故，构成犯罪的，对直接责任人员，依照刑法有关规定追究刑事责任；造成损失的，依法承担赔偿责任：

（一）未对施工组织设计中的安全技术措施或者专项施工方案进行审查的；

（二）发现安全事故隐患未及时要求施工单位整改或者暂时停止施工的；

（三）施工单位拒不整改或者不停止施工，未及时向有关主管部门报告的；

（四）未依照法律、法规和工程建设强制性标准实施监理的。

3.“安装单位”的安全责任

第十七条　在施工现场安装、拆卸施工起重机械和整体提升脚手架、模板等自升式架设设施，必须由具有相应资质的单位承担。

安装、拆卸施工起重机械和整体提升脚手架、模板等自升式架设设施，应当编制拆装方案、制定安全施工措施，并由专业技术人员现场监督。

施工起重机械和整体提升脚手架、模板等自升式架设设施安装完毕后，安装单位应当自检，出具自检合格证明，并向施工单位进行安全使用说明，办理验收手续并签字。

第六十一条　违反本条例的规定，施工起重机械和整体提升脚手架、模板等自升式架设设施安装、拆卸单位有下列行为之一的，责令限期改正，处5万元以上10万元以下的罚款；情节严重的，责令停业整顿，降低资质等级，直至吊销资质证书；造成损失的，依法承担赔偿责任：

（一）未编制拆装方案、制定安全施工措施的；

（二）未由专业技术人员现场监督的；

（三）未出具自检合格证明或者出具虚假证明的；

（四）未向施工单位进行安全使用说明，办理移交手续的。

4. 施工单位的安全责任

第二十一条　施工单位主要负责人依法对本单位的安全生产工作全面负责。施工单位应当建立健全安全生产责任制度和安全生产教育培训制度，制定安全生产规章制度和操作规程，保证本单位安全生产条件所需资金的投入，对所承担的建设工程进行定期和专项安全检查，并做好安全检查记录。

施工单位的项目负责人应当由取得相应执业资格的人员担任，对建设工程项目的安全施工负责，落实安全生产责任制度、安全生产规章制度和操作规程，确保安全生产费用的有效使用，并根据工程的特点组织制定安全施工措施，消除安全事故隐患，及时、如实报告生产安全事故。

第二十三条　施工单位应当设立安全生产管理机构，配备专职安全生产管理人员。

专职安全生产管理人员负责对安全生产进行现场监督检查。发现安全事故隐患，应当及时向项目负责人和安全生产管理机构报告；对违章指挥、违章操作的，应当立即制止。

第二十四条　建设工程实行施工总承包的，由总承包单位对施工现场的安全生产负总责。

总承包单位应当自行完成建设工程主体结构的施工。

总承包单位依法将建设工程分包给其他单位的，分包合同中应当明确各自的安全生产方面的权利、义务。总承包单位和分包单位对分包工程的安全生产承担连带责任。

分包单位应当服从总承包单位的安全生产管理，分包单位不服从管理导致生产安全事故的，由分包单位承担主要责任。

第二十五条　垂直运输机械作业人员、安装拆卸工、爆破作业人员、起重信号工、登高架设作业人员等特种作业人员，必须按照国家有关规定经过专门的安全作业培训，并取得特种作业操作资格证书后，方可上岗作业。

第二十六条　施工单位应当在施工组织设计中编制安全技术措施和施工现场临时用电方案，对下列达到一定规模的危险性较大的分部分项工程编制专项施工方案，并附具安全验算结果，经施工单位技术负责人、总监理工程师签字后实施，由专职安全生产管理人员进行现场监督：

（一）基坑支护与降水工程；

（二）土方开挖工程；

（三）模板工程；

（四）起重吊装工程；

（五）脚手架工程；

（六）拆除、爆破工程；

（七）国务院建设行政主管部门或者其他有关部门规定的其他危险性较大的工程。

对前款所列工程中涉及深基坑、地下暗挖工程、高大模板工程的专项施工方案，施工单位还应当组织专家进行论证、审查。

本条第一款规定的达到一定规模的危险性较大工程的标准，由国务院建设行政主管部门会同国务院其他有关部门制定。

第二十七条　建设工程施工前，施工单位负责项目管理的技术人员应当对有关安全施工的技术要求向施工作业班组、作业人员作出详细说明，并由双方签字确认。

第二十八条　施工单位应当在施工现场入口处、施工起重机械、临时用电设施、脚手架、出入通道口、楼梯口、电梯井口、孔洞口、桥梁口、隧道口、基坑边沿、爆破物及有害危险气体和液体存放处等危险部位，设置明显的安全警示标志。安全警示标志必须符合国家标准。

施工单位应当根据不同施工阶段和周围环境及季节、气候的变化，在施工现场采取相应的安全施工措施。施工现场暂时停止施工的，施工单位应当做好现场防护，所需费用由责任方承担，或者按照合同约定执行。

第二十九条　施工单位应当将施工现场的办公、生活区与作业区分开设置，并保持安全距离；办公、生活区的选址应当符合安全性要求。职工的膳食、饮水、休息场所等应当符合卫生标准。施工单位不得在尚未竣工的建筑物内设置员工集体宿舍。

施工现场临时搭建的建筑物应当符合安全使用要求。施工现场使用的装配式活动房屋应当具有产品合格证。

第三十条　施工单位对因建设工程施工可能造成损害的毗邻建筑物、构筑物和地下管线等，应当采取专项防护措施。

施工单位应当遵守有关环境保护法律、法规的规定，在施工现场采取措施，防止或者减少粉尘、废气、废水、固体废物、噪声、振动和施工照明对人和环境的危害和污染。

在城市市区内的建设工程，施工单位应当对施工现场实行封闭围挡。

第三十一条　施工单位应当在施工现场建立消防安全责任制度，确定消防安全责任人，制定用火、用电、使用易燃易爆材料等各项消防安全管理制度和操作规程，设置消防通道、消防水源，配备消防设施和灭火器材，并在施工现场入口处设置明显标志。

第三十五条　施工单位在使用施工起重机械和整体提升脚手架、模板等自升式架设设施前，应当组织有关单位进行验收，也可以委托具有相应资质的检验检测机构进行验收；使用承租的机械设备和施工机具及配件的，由施工总承包单位、分包单位、出租单位和安装单位共同进行验收。验收合格的方可使用。

《特种设备安全监察条例》规定的施工起重机械，在验收前应当经有相应资质的检验检测机构监督检验合格。

施工单位应当自施工起重机械和整体提升脚手架、模板等自升式架设设施验收合格之日起 30 日内，向建设行政主管部门或者其他有关部门登记。登记标志应当置于或者附着于该设备的显著位置。

第三十六条　施工单位的主要负责人、项目负责人、专职安全生产管理人员应当经建设行政主管部门或者其他有关部门考核合格后方可任职。

施工单位应当对管理人员和作业人员每年至少进行一次安全生产教育培训，其教育培训情况记入个人工作档案。安全生产教育培训考核不合格的人员，不得上岗。

第三十七条　作业人员进入新的岗位或者新的施工现场前，应当接受安全生产教育培训。未经教育培训或者教育培训考核不合格的人员，不得上岗作业。

施工单位在采用新技术、新工艺、新设备、新材料时，应当对作业人员进行相应的安全生产教育培训。

第三十八条　施工单位应当为施工现场从事危险作业的人员办理意外伤害保险。

意外伤害保险费由施工单位支付。实行施工总承包的，由总承包单位支付意外伤害保险费。意外伤害保险期限自建设工程开工之日起至竣工验收合格止。

第四十八条　施工单位应当制定本单位生产安全事故应急救援预案，建立应急救援组织或者配备应急救援人员，配备必要的应急救援器材、设备，并定期组织演练。

第四十九条　施工单位应当根据建设工程施工的特点、范围，对施工现场易发生重大事故的部位、环节进行监控，制定施工现场生产安全事故应急救援预案。实行施工总承包的，由总承包单位统一组织编制建设工程生产安全事故应急救援预案，工程总承包单位和分包单位按照应急救援预案，各自建立应急救援组织或者配备应急救援人员，配备救援器材、设备，并定期组织演练。

第五十条　施工单位发生生产安全事故，应当按照国家有关伤亡事故报告和调查处理的规定，及时、如实地向负责安全生产监督管理的部门、建设行政主管部门或者其他有关部门报告；特种设备发生事故的，还应当同时向特种设备安全监督管理部门报告。接到报告的部门应当按照国家有关规定，如实上报。

实行施工总承包的建设工程，由总承包单位负责上报事故。

第五十一条　发生生产安全事故后，施工单位应当采取措施防止事故扩大，保护事故现场。需要移动现场物品时，应当做出标记和书面记录，妥善保管有关证物。

第五十二条　建设工程生产安全事故的调查、对事故责任单位和责任人的处罚与处理，按照有关法律、法规的规定执行。

第六十二条　违反本条例的规定，施工单位有下列行为之一的，责令限期改正；逾期未改正的，责令停业整顿，依照《中华人民共和国安全生产法》的有关规定处以罚款；造成重大安全事故，构成犯罪的，对直接责任人员，依照刑法有关规定追究刑事责任：

（一）未设立安全生产管理机构、配备专职安全生产管理人员或者分部分项工程施工时无专职安全生产管理人员现场监督的；

（二）施工单位的主要负责人、项目负责人、专职安全生产管理人员、作业人员或者特种作业人员，未经安全教育培训或者经考核不合格即从事相关工作的；

（三）未在施工现场的危险部位设置明显的安全警示标志，或者未按照国家有关规定在施工现场设置消防通道、消防水源、配备消防设施和灭火器材的；

（四）未向作业人员提供安全防护用具和安全防护服装的；

（五）未按照规定在施工起重机械和整体提升脚手架、模板等自升式架设设施验收合格后登记的；

（六）使用国家明令淘汰、禁止使用的危及施工安全的工艺、设备、材料的。

第六十四条　违反本条例的规定，施工单位有下列行为之一的，责令限期改正；逾期未改正的，责令停业整顿，并处5万元以上10万元以下的罚款；造成重大安全事故，构成犯罪的，对直接责任人员，依照刑法有关规定追究刑事责任：

（一）施工前未对有关安全施工的技术要求作出详细说明的；

（二）未根据不同施工阶段和周围环境及季节、气候的变化，在施工现场采取相应的安全施工措施，或者在城市市区内的建设工程的施工现场未实行封闭围挡的；

（三）在尚未竣工的建筑物内设置员工集体宿舍的；

（四）施工现场临时搭建的建筑物不符合安全使用要求的；

（五）未对因建设工程施工可能造成损害的毗邻建筑物、构筑物和地下管线等采取专项防护措施的。

施工单位有前款规定第（四）项、第（五）项行为，造成损失的，依法承担赔偿责任。

第六十五条　违反本条例的规定，施工单位有下列行为之一的，责令限期改正；逾期未改正的，责令停业整顿，并处10万元以上30万元以下的罚款；情节严重的，降低资质等级，直至吊销资质证书；造成重大安全事故，构成犯罪的，对直接责任人员，依照刑法有关规定追究刑事责任；造成损失的，依法承担赔偿责任：

（一）安全防护用具、机械设备、施工机具及配件在进入施工现场前未经查验或者查验不合格即投入使用的；

（二）使用未经验收或者验收不合格的施工起重机械和整体提升脚手架、模板等自升式架设设施的；

（三）委托不具有相应资质的单位承担施工现场安装、拆卸施工起重机械和整体提升脚手架、模板等自升式架设设施的；

（四）在施工组织设计中未编制安全技术措施、施工现场临时用电方案或者专项施工方案的。

五、《安全生产许可证条例》

第二条　国家对矿山企业、建筑施工企业和危险化学品、烟花爆竹、民用爆破器材生产企业（以下统称企业）实行安全生产许可制度。

企业未取得安全生产许可证的，不得从事生产活动。

第四条　国务院建设主管部门负责中央管理的建筑施工企业安全生产许可证的颁发和管理。

省、自治区、直辖市人民政府建设主管部门负责前款规定以外的建筑施工企业安全生产许可证的颁发和管理，并接受国务院建设主管部门的指导和监督。

第六条　企业取得安全生产许可证，应当具备下列安全生产条件：

（一）建立、健全安全生产责任制，制定完备的安全生产规章制度和操作规程；

（二）安全投入符合安全生产要求；

（三）设置安全生产管理机构，配备专职安全生产管理人员；

（四）主要负责人和安全生产管理人员经考核合格；

（五）特种作业人员经有关业务主管部门考核合格，取得特种作业操作资格证书；

（六）从业人员经安全生产教育和培训合格；

（七）依法参加工伤保险，为从业人员缴纳保险费；

（八）厂房、作业场所和安全设施、设备、工艺符合有关安全生产法律、法规、标准和规程的要求；

（九）有职业危害防治措施，并为从业人员配备符合国家标准或者行业标准的劳动防护用品；

（十）依法进行安全评价；

（十一）有重大危险源检测、评估、监控措施和应急预案；

（十二）有生产安全事故应急救援预案、应急救援组织或者应急救援人员，配备必要的应急救援器材、设备；

（十三）法律、法规规定的其他条件。

第九条　安全生产许可证的有效期为 3 年。安全生产许可证有效期满需要延期的，企业应当于期满前 3 个月向原安全生产许可证颁发管理机关办理延期手续。

企业在安全生产许可证有效期内，严格遵守有关安全生产的法律法规，未发生死亡事故的，安全生产许可证有效期届满时，经原安全生产许可证颁发管理机关同意，不再审查，安全生产许可证有效期延期 3 年。

六、《生产安全事故报告和调查处理条例》

1. 事故分级

第三条　根据生产安全事故（以下简称事故）造成的人员伤亡或者直接经济损失，事故一般分为以下等级：

（一）特别重大事故，是指造成 30 人以上死亡，或者 100 人以上重伤（包括急性工业中毒，下同），或者 1 亿元以上直接经济损失的事故；

（二）重大事故，是指造成 10 人以上 30 人以下死亡，或者 50 人以上 100 人以下重伤，或者 5000 万元以上 1 亿元以下直接经济损失的事故；

（三）较大事故，是指造成 3 人以上 10 人以下死亡，或者 10 人以上 50 人以下重伤，或者 1000 万元以上 5000 万元以下直接经济损失的事故；

（四）一般事故，是指造成 3 人以下死亡，或者 10 人以下重伤，或者 1000 万元以下直接经济损失的事故。

本条第一款所称的“以上”包括本数，所称的“以下”不包括本数。

2. 事故报告

第九条　事故发生后，事故现场有关人员应当立即向本单位负责人报告；单位负责人接到报告后，应当于 1 小时内向事故发生地县级以上人民政府安全生产监督管理部门和负有安全生产监督管理职责的有关部门报告。

情况紧急时，事故现场有关人员可以直接向事故发生地县级以上人民政府安全生产监督管理部门和负有安全生产监督管理职责的有关部门报告。

第十条　安全生产监督管理部门和负有安全生产监督管理职责的有关部门接到事故报告后，应当依照下列规定上报事故情况，并通知公安机关、劳动保障行政部门、工会和人民检察院：

（一）特别重大事故、重大事故逐级上报至国务院安全生产监督管理部门和负有安全生产监督管理职责的有关部门；

（二）较大事故逐级上报至省、自治区、直辖市人民政府安全生产监督管理部门和负有安全生产监督管理职责的有关部门；

（三）一般事故上报至设区的市级人民政府安全生产监督管理部门和负有安全生产监督管理职责的有关部门。

安全生产监督管理部门和负有安全生产监督管理职责的有关部门依照前款规定上报事故情况，应当同时报告本级人民政府。国务院安全生产监督管理部门和负有安全生产监督管理职责的有关部门以及省级人民政府接到发生特别重大事故、重大事故的报告后，应当立即报告国务院。

必要时，安全生产监督管理部门和负有安全生产监督管理职责的有关部门可以越级上报事故情况。

第十一条　安全生产监督管理部门和负有安全生产监督管理职责的有关部门逐级上报事故情况，每级上报的时间不得超过 2 小时。

第十二条　报告事故应当包括下列内容：

（一）事故发生单位概况；

（二）事故发生的时间、地点以及事故现场情况；

（三）事故的简要经过；

（四）事故已经造成或者可能造成的伤亡人数（包括下落不明的人数）和初步估计的直接经济损失；

（五）已经采取的措施；

（六）其他应当报告的情况。

第十四条　事故发生单位负责人接到事故报告后，应当立即启动事故相应应急预案，或者采取有效措施，组织抢救，防止事故扩大，减少人员伤亡和财产损失。

第十六条　事故发生后，有关单位和人员应当妥善保护事故现场以及相关证据，任何单位和个人不得破坏事故现场、毁灭相关证据。

因抢救人员、防止事故扩大以及疏通交通等原因，需要移动事故现场物件的，应当做出标志，绘制现场简图并做出书面记录，妥善保存现场重要痕迹、物证。

3. 事故调查

第十九条　特别重大事故由国务院或者国务院授权有关部门组织事故调查组进行调查。

重大事故、较大事故、一般事故分别由事故发生地省级人民政府、设区的市级人民政府、县级人民政府负责调查。省级人民政府、设区的市级人民政府、县级人民政府可以直接组织事故调查组进行调查，也可以授权或者委托有关部门组织事故调查组进行调查。

未造成人员伤亡的一般事故，县级人民政府也可以委托事故发生单位组织事故调查组进行调查。

第二十二条　事故调查组的组成应当遵循精简、效能的原则。

根据事故的具体情况，事故调查组由有关人民政府、安全生产监督管理部门、负有安全生产监督管理职责的有关部门、监察机关、公安机关以及工会派人组成，并应当邀请人民检察院派人参加。

事故调查组可以聘请有关专家参与调查。

第二十五条　事故调查组履行下列职责：

（一）查明事故发生的经过、原因、人员伤亡情况及直接经济损失；

（二）认定事故的性质和事故责任；

（三）提出对事故责任者的处理建议；

（四）总结事故教训，提出防范和整改措施；

（五）提交事故调查报告。

第二十九条　事故调查组应当自事故发生之日起60日内提交事故调查报告；特殊情况下，经负责事故调查的人民政府批准，提交事故调查报告的期限可以适当延长，但延长的期限最长不超过60日。

第三十条　事故调查报告应当包括下列内容：

（一）事故发生单位概况；

（二）事故发生经过和事故救援情况；

（三）事故造成的人员伤亡和直接经济损失；

（四）事故发生的原因和事故性质；

（五）事故责任的认定以及对事故责任者的处理建议；

（六）事故防范和整改措施。

4. 事故处理

第三十二条　重大事故、较大事故、一般事故，负责事故调查的人民政府应当自收到事故调查报告之日起15日内做出批复；特别重大事故，30日内做出批复，特殊情况下，批复时间可以适当延长，但延长的时间最长不超过30日。

有关机关应当按照人民政府的批复，依照法律、行政法规规定的权限和程序，对事故发生单位和有关人员进行行政处罚，对负有事故责任的国家工作人员进行处分。

事故发生单位应当按照负责事故调查的人民政府的批复，对本单位负有事故责任的人员进行处理。

负有事故责任的人员涉嫌犯罪的，依法追究刑事责任。

第二节　安全管理经典考题

案例一：2005 建筑（一）

背景资料

某建筑工程，地下1层，地上16层。总建筑面积28000m^2，首层建筑面积2400m^2，建筑红线内占地面积6000m^2。该工程位于闹市中心，现场场地狭小。

施工单位为了降低成本，现场只设置了一条3米宽的施工道路兼作消防通道。现场平面呈长方形，在其斜对角布置了两个临时消火栓，两者之间相距 86 米，其中一个距拟建建筑物 3 米，另一个距路边 3 米。

为了迎接上级单位的检查，施工单位临时在工地大门入口处的临时围墙上悬挂了“五牌”“二图”，检查小组离开后，项目经理立即派人将之拆下运至工地仓库保管，以备再查时用。

问题：

1. 该工程设置的消防通道是否合理？请说明理由。

2. 该工程设置的临时消火栓是否合理？请说明理由。

3. 该工程还需考虑哪些类型的临时用水？在该工程临时用水总量中，起决定性作用的是哪种类型临时用水？

4. 该工程对现场“五牌”“二图”的管理是否合理？请说明理由。

答案：

1. （本小题 6.0 分）

不合理；（2.0 分）

理由：根据相关规定，消防通道的宽度不得小于 4m，并在端头处设置 12m×12m 的回车场。（4.0 分）

2. （本小题 4.0 分）

不合理；（1.0 分）

理由：根据相关规定，消火栓应沿着消防车道布置，距离路边不大于 2m，距离拟建房屋不小于 5m、不大于 25m。（3.0 分）

3. （本小题 6.0 分）

（1）现场施工用水、现场机械用水、现场生活用水、生活区生活用水。（4.0 分）

（2）起决定性作用的是消防用水。（2.0 分）

4. （本小题 4.0 分）

不合理；（2.0 分）

理由：自施工单位进入施工现场之日至施工合同履行完毕之日，“五牌”“二图”应长期固定在施工现场入口处的醒目位置，不能临时悬挂。（2.0 分）

案例二：2007 建筑（五）部分内容

背景资料

某施工单位承接了某项工程的总包施工任务，该工程由 A、B、C、D 四项工作组成，施工场地狭小。

工程进展到第 25 周 5 层结构时，公司各职能部门联合对该项目进行突击综合大检查。

检查现场时发现：（1）塔吊与临时生活设施共用一个配电箱：无配电箱检查记录；（2）塔吊由木工班长指挥；（3）现场单行消防通道上乱堆材料，仅剩 1m 宽左右通道，端头 20m×20m 场地堆满大模板。（4）脚手架和楼板模板拆除后乱堆乱放，无交底记录。

工程进展到第 28 周 4 层结构拆模后，劳务分包方作业人员直接从窗口向外乱抛垃圾造成施工扬尘，工程周围居民因受扬尘影响，有的找到项目经理要求停止施工，有的向有关部门投诉。

问题：

1. 根据公司检查现场发现的问题，项目经理部应如何进行整改？

2. 针对本次扬尘事件，项目经理应如何协调和管理？

答案：

1. （本小题 8.0 分）

（1）塔吊与临时生活设施应分别设置配电箱，并做好配电箱检查记录。（2.0 分）

（2）塔吊的指挥人员是特种作业人员，应由持证上岗的信号工指挥。（2.0 分）

（3）材料分类码放整齐，保证消防车道 4m，端头处应有 12m×12m 回车场地，大模板运到专门堆放地点，并码放整齐。（2.0 分）

（4）脚手架、模板应码放整齐，逐级交底，并形成交底记录。（2.0 分）

2. （本小题 8.0 分）

（1）向居民作好解释工作，承诺以后施工过程中不再发生类似事件。（2.0 分）

（2）及时与受理该事件投诉的主管部门沟通，以避免对工程施工的不利影响。（2.0 分）

（3）按分包合同规定对劳务分包方进行处罚。（2.0 分）

（4）加强对劳务分包作业队伍管理，要求分包采取袋装措施，吊运下楼。（1.0 分）

（5）加强对管理人员教育，提高现场监管力度。（1.0 分）

案例三：2009 建筑（一）

背景资料

某市中心区新建一座商业中心，建筑面积 26000m²，地下二层，地上十六层，一至三层有裙房，结构形式为钢筋混凝土框架结构，柱网尺寸为 8.4×

7.2m，其中二层南侧有通长的悬挑露台，悬挑长度为3m。

施工现场内有一条10kV高压线从场区东侧穿过，由于该高压线承担周边小区供电任务，在商业中心工程施工期间不能改线迁移。

某施工总承包单位承接了该商业中心工程的施工总承包任务。该施工总承包单位进场后，立即着手进行施工现场平面布置：

（1）在临市区主干道的南侧采用1.6m高的砖砌围墙做围挡。

（2）为节约成本，施工总承包单位决定直接利用原土便道作为施工现场主要道路。

（3）为满足模板加工的需要，搭设了一间$50m^2$的木工加工间，并配置了一只灭火器。

（4）受场地限制在工地北侧布置塔吊一台，高压线处于塔吊范围之内。

……

主体结构施工阶段，为赶在雨季来临之前完成基槽回填土任务，施工总承包单位在露台的同条件混凝土试块抗压强度达到设计要求的80%时，拆除了露台下模板支撑。主体结构施工完毕后，发现二层露台根部出现通长裂缝。经设计单位和相关检测鉴定单位认定，该裂缝严重影响露台的结构安全，必须进行处理，该事故造成直接经济损失180万元。

问题：

1. 指出施工总承包单位现场平面布置（1）—（3）中的不妥之处，并说明正确做法。

2. 在高压线处于塔吊覆盖范围的情况下，施工总承包单位应如何保证塔吊运行安全？

3. 完成表7—1现浇混凝土结构底模及支架拆除时的混凝土强度要求中a、b、c的内容（无需复制表格，在答题卡上按顺序写出答案）：

表7—1

构件类型	构件跨度/m	达到设计的混凝土立方体抗压强度标准值的百分率/（%）
梁	7.2	a
	8.4	b
悬挑露台		c

4. 工程质量事故按造成损失严重程度划分为哪几类？本工程露台结构质量事故属于哪一类？说明理由。

答案：

1.（本小题 6.0 分）

“（1）”中“采用 1.6m 高的砖砌围墙做围挡；”不妥；（1.0 分）

正确做法：场地四周必须设置封闭围挡、进行封闭管理，一般路段的围挡高度不得低于 1.8m，市区主要路段围挡高度不得低于 2.5m。（1.0 分）

“（2）”中“直接利用原土便道作为施工现场主要道路；”不妥；（1.0 分）

正确做法：施工现场的主要道路必须进行硬化处理。（1.0 分）

“（3）”中“配置了一只灭火器”不妥；（1.0 分）

正确做法：木工加工间每 $25m^2$ 应配置一只灭火器，$50 \div 25 = 2$，$50m^2$ 的木工加工间至少应配置 2 灭火器。（1.0 分）

2.（本小题 4.0 分）

应当采取下列措施：

（1）在高压线处于塔吊覆盖的空间范围内，使用竹、木搭设防护架。（2.0 分）

（2）设置可靠有效的限位装置，严格限定塔吊的旋转范围。（2.0 分）

3.（本小题 3.0 分）

（1）a 为 75。（1.0 分）

（2）b 为 100。（1.0 分）

（3）c 为 100。（1.0 分）

4.（本小题 7.0 分）

（1）按造成损失严重程度划分：

一般事故、较大事故、重大事故、特别重大事故。（2.0 分）

（2）属于一般事故；（1.0 分）

具备下列条件之一的为一般事故：

1）一次事故死亡人数 3 人以下；（1.0 分）

2）一次事故重伤人数 10 人以下；（1.0 分）

3）一次事故直接经济损失 100 万元以上、1000 万元以下。（2.0 分）

案例四：2009 建筑（三）

背景资料

某施工总承包单位承担一项建筑基坑工程的施工，基坑开挖深度 12m，基坑南侧距基坑边 6m 处有一栋六层住宅楼。基坑土质状况从地面向下依次为：杂填土 0～2m，粉质土 2～5m，砂质土 5～10m，粘性土 10～12m。上层滞水水位在地表以下5m（渗透系数为0.5m/d），地表下18m以内无承压水。基坑支护设计采用灌注桩加锚杆。施工前，建设单位为节约投资，指示更改设计，除南侧外，其余三面均采用土钉墙支护，垂直开挖。基坑在开挖过程中北侧支护出现较大变形，但一直没有发现，最终导致北侧支护部分坍塌。事故调查中发现：

（1）施工总承包单位对本工程做了重大危险源分析，确认南侧毗邻建筑物、临边防护、上下通道的安全为重大危险源，并制订了相应的措施，但未审批。

（2）施工总承包单位有健全的安全制度文件。

（3）施工过程中无任何安全检查记录、交底记录及培训教育纪录等其他记录资料。

问题：

1. 本工程基坑最小降水深度应为多少？降水宜采用何种方式？

2. 该基坑坍塌的直接原因是什么？从技术方面分析、造成该基坑坍塌的主要因素有哪些？

3. 根据《建筑施工安全检查标准》基坑支护安全检查评分表的要求，本基坑支护工程还应检查哪些项目？

4. 施工总承包单位还应采取哪些有效措施才能避免类似基坑支护坍塌？

答案：

1.（本小题4.0分）

（1）最小降水深度应为12－5＋0.5＝7.5m。（2.0分）

（2）降水宜采用喷射井点。（2.0分）

2.（本小题5.0分）

（1）直接原因：采用土钉墙支护，垂直开挖。（1.0分）

（2）主要因素：

1）基坑开挖坡度不够，通过不同的土层时，没有根据土的特性分别放成不同坡度，致使边坡失稳而塌方；（1.0分）

2）在有地表水、地下水作用的土层开挖时，未采取有效地降排水措施，土层湿化，内聚力降低，引起塌方；（1.0分）

3）边坡顶部堆载过大，使边坡内剪切应力增大，土体失稳而塌方；（1.0分）

4）土质松软，开挖次序、方法不当而造成塌方。（1.0分）

3.（本小题4.0分）

（1）支护措施。（1.0分）

（2）支护结构。（1.0分）

（3）水平位移。（1.0分）

（4）放坡坡率。（1.0分）

4.（本小题7.0分）

（1）通过计算确定基坑开挖坡率，开挖过程中随时监测土壁的变化。（1.0分）

（2）计算确定支护结构的类型，开挖过程中随时监测支护结构的水平位移。（1.0分）

（3）机械挖土过程中，采取可靠措施防止碰撞土壁和支护结构。（1.0分）

（4）挖至坑底标高时，应及时进行基础工程施工。（1.0分）

（5）严格遵守“开槽支撑、先撑后挖、分层开挖、严禁超挖”的原则。（1.0分）

（6）基坑周边严禁超堆荷载。（1.0分）

（7）开挖前，对作业人员进行安全技术交底；过程中，由专职安全员现场监督；完成后，及时组织验收。（1.0分）

案例五：2009建筑（四）部分内容

背景资料

某政府机关在城市繁华地段建一幢办公楼。施工中发生了以下事件。

事件1：为了强化分包单位的质量安全责任，总、分包双方在补充协议中约定，分包单位出现质量安全问题，总承包单位不承担任何法律责任，全部由分包单位自己承担。

事件2：在底板结构混凝土浇筑过程中，为了不影响工期，施工总承包单位在连夜施工的同时，向当地行政主管部门报送了夜间施工许可申请，并对附近居民进行公告。

事件3：为便于底板混凝土浇筑施工，基坑周围未设临边防护；由于现场架设灯具照明不够，工人从配电箱中接出220V电源，使用行灯照明进行施工。

问题：

1. 在事件1中，补充协议的约定是否合法？说明理由。

2. 在事件2中，施工总承包单位的做法是否妥当？说明理由。

3. 指出事件3中的错误之处，并写出正确做法。

答案：

1.（本小题 4.0 分）

补充协议的约定不合法；理由：（1.0 分）

（1）根据相关规定：总承包单位依法将部分工程分包的，不解除总承包单位的任何合同责任和义务。（1.0 分）

（2）总承包单位应当对全部建设工程质量负责，总承包单位与分包单位就分包工程的质量承担连带责任。（1.0 分）

（3）总承包单位对施工现场的安全总负责，总承包单位与分包单位对分包工程的安全生产承担连带责任。（1.0 分）

2.（本小题 3.0 分）

施工总承包单位的做法不妥；（1.0 分）

理由：根据相关规定：在城市市区范围内从事建筑工程施工，施工总承包单位应取得夜间施工许可证，并对附近居民进行公告后，方可进行夜间施工。（2.0 分）

3.（本小题 6.0 分）

（1）“底板混凝土浇筑施工时，基坑四周未设临边防护”错误；（0.5 分）

正确做法：底板混凝土浇筑施工时，基坑四周必须进行临边防护，包括设置防护栏杆、挡脚板、安全网和警示标志。（1.0 分）

（2）“工人从配电箱中接出 220V 电源”错误；（0.5 分）

正确做法：应由电工接电。（1.0 分）

（3）“从配电箱中接出 220V 电源”错误；（0.5 分）

正确做法：应由电工从开关箱中接出。（1.0 分）

（4）“使用 220V 行灯照明进行施工”错误；（0.5 分）

正确做法：使用行灯照明时，电压不得超过 36V。（1.0 分）

案例六：2009 建筑（五）部分内容

背景资料

某建筑工程在设备管道安装气焊作业时，火星溅落到正在施工的地下室设备用房聚氨酯防水涂膜层上，引起火灾。

问题：施工现场焊、割作业的防火要求有哪些？

答案：

（1）无证者不准进行焊、割。

（2）未经办理动火审批手续，不准焊、割。

（3）不了解现场周围的情况，不得焊、割。

（4）不了解焊件内部的情况，不得焊、割。

（5）容器曾经装过可燃气体，未经彻底清洗，不得焊、割。

（6）容器和管道有压力或密封的，不准焊、割。

（7）设备表面附着可燃的保温层、冷却层，未采取安全措施，不准焊、割。

（8）附近有易燃易爆物品，未采取安全措施，不准焊、割。

（9）附近有与明火作业相抵触的工种在作业时，不准焊、割。

（10）与外单位相连的部位，没有弄清有无险情，不准焊、割。

案例七：2010 建筑（二）部分内容

背景资料

某办公楼工程装修期间，在地上十层，某管道安装工独自对焊工未焊完的管道接口进行施焊，结果引燃了正下方九层用于工程的幕墙保温材料，引起火灾。所幸正在进行幕墙作业的施工人员救火及时，无人员伤亡。

问题：指出该事件中的不妥之处，说明原因。

答案：不妥之处：

（1）“管道安装工独自对焊工未焊完的管道接口进行施焊”不妥；因为焊工属于特种作业人员，必须持证上岗，管道安装工不得对管道施焊。（1.0 分）

（2）“施焊前未经办理动火审批手续”不妥；因为任何容器和管道在施焊前必须办理动火审批手续。（1.0 分）

（3）“施焊前未对作业环境作了解”不妥；因为电焊是引发火灾的危险源，施焊人员要充分检查作业地点的作业环境。（1.0 分）

（4）“施焊时下方没有设置防护措施”不妥；因为施焊过程中，火星不得向下飞溅，特别是高空施焊，必须在下方设置防护设施。（1.0 分）

（5）“随意堆放保温材料”不妥；因为保温材料属于易燃材料，在施工现场对于易燃易爆材料应严加管理。（1.0 分）

案例八：2011 建筑（三）部分内容

背景资料

某办公楼工程结构施工至第十层时，工期严重滞后。为保证工期，A 劳务公司将部分工程分包给了另一家有相应资质的 B 劳务公司，B 劳务公司进场工人 100 人。因场地狭窄，B 劳务公司将工人安排在本工程地下室居住。

工人上岗前，项目部安全员向施工作业班组进行了安全技术交底，双方签字确认。

问题：指出事件三中的不妥之处，并分别说明理由。

答案：(1)“A 劳务公司将部分工程分包给了 B 劳务公司”不妥；(1.0 分)

理由：劳务分包再进行分包，属于违法分包。(0.5 分)

(2)“B 劳务公司将工人安排在本工程地下室居住”不妥；(1.0 分)

理由：不得在尚未竣工的建筑物内设置员工集体宿舍。(0.5 分)

(3)“100 人在一个地下室居住”不妥；(1.0 分)

理由：每间房不能超过 16 人。(0.5 分)

(4)“项目部安全员向施工作业班组进行了安全技术交底”不妥；(1.0 分)

理由：工人上岗前应进行三级安全教育，安全技术交底应由项目技术负责人向施工作业班组、作业人员进行，并由双方签字确认。(0.5 分)

案例九：2012 建筑（五）部分内容

背景资料

某施工单位承接了两栋住宅楼，总建筑面积 65000 ㎡，均为筏板基础(上反梁结构)，地下 2 层，地上 30 层，地下结构连通，上部为两个独立单体一字设置，设计形式一致，地下室外墙南北向的距离 40m，东西向的距离 120m。施工过程中发生了以下事件。

事件 1：项目经理部编制防火设施平面布图后，立即由施工人员按此进行施工。在基坑上口周边的四个转角处分别设置了临时消火栓。在 $60m^2$ 的木工棚内配备了 2 只灭火器及相关消防辅助工具，消防检查时对此提出了整改意见。

事件 2：结构施工至 12 层后，项目经理部按计划设置了外用电梯，相关部门根据《建筑施工安全检查标准》(JGJ 59－2011) 中《外用电梯检查评分表》的内容逐项进行检查，并通过验收准许使用。

问题：

1. 事件 1 中存在哪些不妥之处？并分别写出正确做法。

2. 事件 2 中，《外用电梯检查评分表》检查项目包括哪些内容？

答案：

1. (本小题 9.0 分)

事件 2 中存在的不妥之处：

（1）“编制防火设施平面布图后，立即由施工人员按此进行施工”不妥；（1.0分）

正确做法：编制防火设施平面布图后，应按照有关规定报公安监督机关审批或备案后，方可组织实施。（2.0分）

（2）“在基坑上口周边的四个转角处分别设置了临时消火栓”不妥；（1.0分）

正确做法：消火栓应沿着消防车道或堆料场内道路的边缘设置，消火栓之间的距离不应大于120m，距拟建工程不小于5m、不大于25m，距路边不大于2m。（2.0分）

（3）“在60m²的木工棚内配备了2只灭火器”不妥；（1.0分）

正确做法：木工棚内每25m²配备1只灭火器，在60m²的木工棚应配备60÷25＝3只灭火器。（2.0分）

2.（本小题5.0分）

检查项目包括：

（1）安全装置；（2）安全防护；（3）架体稳定；（4）安装与拆卸；（5）安装验收；（6）电气安全；（7）联络信号；（8）司机；（9）荷载；（10）避雷。

【评分标准：答出5项正确的，即可得5分】

案例十：

背景资料

某委托监理的建设工程，建设单位依法与甲施工单位签订了施工合同，甲施工单位按照施工合同规定依法与乙施工单位签订了设备安装分包合同。

合同履行过程中发生了如下事件。

事件1：工程开工前，总监组织专业监理工程师审查了施工单位报送的相关资料，其中专职安全管理员和部分特种作业人员只有施工单位的培训合格证明，审查结束后，总监签发了《监理工程师通知单》要求施工单位调换相关人员。

事件2：甲施工单位将自有的两台自升式塔吊运进施工现场后，雇佣了乙施工单位的8名安装工人在塔吊司机的指挥下，开始安装塔吊，专业监理工程师发现后，立即报告了总监，总监到现场后指令甲施工单位停止安装。

事件3：基坑支护施工中，项目监理机构发现甲施工单位采用了一项新技术，未按已批准的施工技术方案施工。项目监理机构认为本工程使用该项新技术存在严重安全隐患，总监理工程师下达了工程暂停令，同时报告了建设单位。

甲施工单位认为该项新技术通过了有关部门的鉴定，不会发生安全问题，仍继续施工。于是项目监理机构报告了建设行政主管部门。甲施工单位在建设行政主管部门干预下才暂停了施工。

事件 4：专业监理工程师检查主体结构施工时，发现甲施工单位在未向项目监理机构报审危险性较大的预制构件起重吊装专项方案的情况下已自行施工，并且现场没有管理人员。于是总监理工程师下达了《监理工程师通知单》。

事件 5：专业监理工程师在现场巡视时，发现乙施工单位违章作业，有可能导致发生重大安全事故。总监理工程师立即口头要求甲施工单位暂停乙施工单位的施工，但甲施工单位未予执行。总监理工程师随即向甲施工单位下达了《工程暂停令》。三天后，在甲施工单位向乙施工单位转发《工程暂停令》前，发生了设备安装事故。

问题：

1. 针对事件 1，指出总监的作法是否正确？说明原因。《建设工程安全生产管理条例》中规定的特种作业人员包括哪些？

2. 针对事件 2，指出总监的作法是否正确？说明原因，根据《建设工程安全生产管理条例》的规定，写出塔吊的正确安装程序。

3. 针对事件 3，指出施工单位行为的不妥之处，说明理由。如果事件 3 在建设行政主管部门干预的同时发生了安全事故，试问：监理单位是否承担责任？说明理由。

4. 指出事件 4 中，总监理工程师的做法是否妥当？说明理由。根据《建设工程安全生产管理条例》的规定，事件 4 中起重吊装专项方案需经哪些人签字后方可实施？

5. 就事件 5 中所发生的安全事故，请指出建设单位、监理单位、甲施工单位和乙施工单位各自应承担的责任，说明理由。

答案：

1. （本小题 5.0 分）

（1）正确；（0.5 分）

因专职安全管理人员应经建设行政主管部门或其他有关部门考核合格后方可任职；特种作业员应按国家规定经专门培训合格，并取得特种作业资格证书后，方可上岗。（2.0 分）

（2）包括：

垂直运输作业人员；（0.5分）

起重信号工；（0.5分）

登高架设人员；（0.5分）

安装拆卸工；（0.5分）

爆破工作人员。（0.5分）

2.（本小题3.5分）

（1）正确；（0.5分）

因甲施工单位没有相应的资质，甲施工单位应委托具有相应资质的安装单位进行塔吊安装。（1.0分）

（2）安装程序：

1）甲施工单位应委托具有相应资质的单位安装塔吊；（0.5分）

2）安装前，安装单位应编制安装方案，制定安全措施；（0.5分）

3）安装过程中，由安装单位的专业技术人员现场监督；（0.5分）

4）安装完毕，安装单位自检合格后，出具自检合格证明，向甲方施工单位进行安全使用说明，并办理验收签字手续。（0.5分）

3.（本小题4.5分）

（1）不妥之处：

"未按已批准的施工技术方案施工"不妥；（0.5分）

因甲施工单位应按已批准的施工技术方案组织施工，如果需要采用新技术，应经总监审查签字。（1.0分）

"仍继续施工"不妥；（0.5分）

因甲施工单位应按总监的要求停工，总监对新技术审查签字后，方可复工。（1.0分）

（2）监理单位不承担责任；（0.5分）

理由：根据《安全管理条例》的规定，监理单位已经履行了安全监理职责。（1.0分）

4.（本小题2.5分）

（1）不妥；（0.5分）

理由：总监应签发工程暂停令，要求施工单位停工整改，并报告建设单位。（1.0分）

（2）施工单位的技术负责人和总监理工程师签字。（1.0分）

5.（本小题4.5分）

（1）建设单位不承担责任；（0.5分）

理由：建设单位没有违反《安全管理条例》的规定。（0.5 分）

（2）监理单位承担监理失职责任；（0.5 分）

理由：甲施工单位未予立即执行总监签发的《工程暂停令》时，监理单位应及时上报有关主管部门。（0.5 分）

（3）甲施工单位承担连带责任；（0.5 分）

理由：甲施工单位是总承包单位，乙施工单位是分包单位，总承包单位就施工现场的安全负总则，总承包单位与分包单位就分包工程的安全承担连带责任。（1.0 分）

（4）乙施工单位承担直接责任；（0.5 分）

理由：发生设备安装事故的直接原因是乙施工单位违章作业。（0.5 分）

案例十一：

背景资料

某工程，建设单位通过公开招标，与甲施工单位签订了施工总承包合同，依据施工合同约定，甲通过招标将钢结构工程依法分包给乙施工单位。

施工过程中发生了如下事件。

事件 1：甲施工单位项目经理安排技术员兼任施工现场安全员，并安排其编制深基坑支护与降水工程专项施工方案，项目经理对该施工方案进行安全估算后，即组织现场施工，并将施工方案报送了项目监理机构。

事件 2：为了满足钢结构吊装施工的需要，甲施工单位向设备租赁公司租用了一台大型起重塔吊，委托了一家具有相应资质的安装单位进行塔吊安装，安装完成后，由甲、乙施工单位对该塔吊共同进行了验收，验收合格后投入使用，并在 30 日内到有关部门进行了登记。

事件 3：钢结构施工中，专监在现场发现乙使用的高强螺栓未经报验，存在严重的安全隐患，即向乙签发了《工程暂停令》，并报告了总监。甲得知后也要求乙立即停工整改，乙为赶工期，边施工边报验，项目监理机构及时报告了有关主管部门。报告发出的当天，发生了因高强螺栓不符合质量标准导致的钢梁高空坠落事故，造成 3 人死亡、1 人重伤。

事件 4：事故发生 1 小时后，项目经理向单位负责人报告了事故情况，单位负责人依法向有关行政主管部门进行了报告。工程所在地的县级人民政府委托事故发生单位组织事故调查组进行了事故调查。

问题：1. 在事件 1 中，指出项目经理做法的不妥之处，写出正确做法。

2. 对于事件 2，指出塔吊验收中的不妥之处，并说明理由。

3. 在事件3中专监做法是否妥当？说明理由。在上述安全事故中，甲、乙施工单位各应承担什么责任？说明理由。

4. 指出事件4中的不妥之处，说明原因。

5. 简述事故调查报告的内容。

答案：

1.（本小题7.5分）

（1）“安排技术员兼任施工现场安全员”不妥； （0.5分）

正确做法：施工现场应配备专职安全管理人员。 （1.0分）

（2）“安排其编制深基坑支护与降水工程专项施工方案”不妥； （0.5分）

正确做法：应由施工单位的相关部门或项目经理组织编制深基坑支护与降水工程专项施工方案，并由施工单位组织专家进行论证审查。 （1.0分）

（3）“项目经理对该施工方案进行安全估算”不妥； （0.5分）

正确做法：应由专项施工方案编制人对施工方案进行安全验算。 （1.0分）

（4）“即组织现场施工”不妥； （0.5分）

正确做法：施工方案经论证审查合格，并由施工单位技术负责人和总监签字后，方可组织施工。 （1.0分）

（5）“将施工方案报送了项目监理机构”不妥； （0.5分）

正确做法：深基坑支护与降水工程专项施工方案编制完成后，应经施工单位组织专家审查论证合格后，由施工单位技术负责人签字，然后报送了项目监理机构，总监审查合格签字后，方可组织施工。 （1.0分）

2.（本小题1.5分）

“由甲、乙施工单位对塔吊共同进行了验收，验收合格后投入使用”不妥； （0.5分）

理由：应由甲施工单位、乙施工单位、安装单位、设备租赁公司共同进行了验收，合格后方可投入使用。 （1.0分）

3.（本小题5.0分）

（1）不妥； （0.5分）

理由：专监无权签发了《工程暂停令》，专监应报告总监，由总监向甲施工单位签发了《工程暂停令》，乙施工单位是分包单位，与建设单位没有合同关系。 （1.0分）

（2）甲施工单位承担连带责任； （0.5分）

理由：甲施工单位是总承包单位，乙施工单位是分包单位，总承包单位与分包单位就分包工程的安全承担连带责任。 （1.0分）

乙施工单位承担主要和直接责任；（1.0分）

理由：乙施工单位未执行甲施工单位的指令，该事故的直接原因是使用的高强螺栓未经报验。（1.0分）

4.（本小题3.0分）

（1）“事故发生1小时后，项目经理向单位负责人报告了事故情况”不妥；（0.5分）

因事故发生后，项目经理应及时向单位负责人报告。（1.0分）

（2）“工程所在地的县级人民政府委托事故发生单位组织事故调查组进行了事故调查”不妥；（0.5分）

因造成3人死亡属于较大事故，并且已经造成了人员伤亡，应由县级人民政府负责事故调查。（1.0分）

5.（本小题3.0分）

（1）事故发生单位概况。（0.5分）

（2）事故发生经过和事故救援情况。（0.5分）

（3）事故造成的人员伤亡和直接经济损失。（0.5分）

（4）事故发生的原因和事故的性质。（0.5分）

（5）事故责任的认定以及对事故责任者的处理建议。（0.5分）

（6）事故防范和整改措施。（0.5分）

案例十二：2007建筑（二）

背景资料

某18层办公楼，建筑面积32000m²，总高度71m，钢筋混凝土框架一剪力墙结构，脚手架采用悬挑钢管脚手架，外挂密目安全网，塔式起重机作为垂直运输工具。2006年11月9日在15层结构施工时，吊运钢管时钢丝绳滑扣，起吊离地20m后，钢管散落，造成下面作业的4名人员死亡，2人重伤。经事故调查发现：

1. 作业人员严重违章，起重机司机因事请假，工长临时指定一名机械工操作塔吊，钢管没有捆扎就托底兜着吊起，而且钢丝绳没有在吊钩上挂好，只是挂在吊钩的端头上。

2. 专职安全员在事故发生时不在现场。

3. 作业前，施工单位项目技术负责人未详细进行安全技术交底，仅向专职安全员口头交待了施工方案中的安全管理要求。

问题：

1. 针对现场伤亡事故，项目经理应采取哪些应急措施？

2. 指出本次事故的直接原因。

3. 对本起事故，专职安全员有哪些过错？

4. 指出该项目安全技术交底工作存在的问题。

答案：

1.（本小题 6.0 分）

（1）立即组织人员抢救重伤人员。（1.0 分）

（2）及时向本单位负责人报告事故情况。（1.0 分）

（3）要求相关人员保护现场。（1.0 分）

（4）需要移动现场证物的，应做好标示和记录。（1.0 分）

（5）启动应急救援预案。（1.0 分）

（6）协助调查组进行事故调查。（1.0 分）

2.（本小题 4.0 分）

（1）吊运钢管时钢丝绳滑扣，起吊离地 20m 后，钢管散落。（1.0 分）

（2）工长临时指定一名机械工操作塔吊。（1.0 分）

（3）钢管没有捆扎就托底兜着吊起。（1.0 分）

（4）钢丝绳没有在吊钩上挂好，只是挂在吊钩的端头上。（1.0 分）

3.（本小题 4.0 分）

（1）未及时制止违章指挥和违章作业，严重失职。（1.0 分）

（2）未对危险性较大的起重吊装工程进行现场监督。（1.0 分）

（3）未能及时发现无证人员上岗作业。（1.0 分）

（4）事发时安全员不在现场。（1.0 分）

4.（本小题 6.0 分）

存在如下问题：

（1）“施工单位项目技术负责人未详细进行安全技术交底”存在问题；（1.0 分）

因为安全技术交底应进行详细的交底，应有针对性，应细化施工方案，应详细说明施工过程中的安全注意事项。（1.0 分）

（2）“仅向专职安全员交待了施工方案中的安全管理要求”存在问题；（1.0 分）

因为施工单位项目技术负责人应当向专职安全员、施工负责人、施工班组进行详细安全技术交底。（1.0 分）

（3）“仅向专职安全员进行了口头交待”存在问题；（1.0 分）

因为安全技术交底应当采用书面形式，交底后各方签字存档。（1.0 分）

第八章　质量管理

一、工程质量事故

工程质量事故是指由于建设、勘察、设计、施工、监理等单位违反工程质量有关法律法规和工程建设标准，使工程产生结构安全、重要使用功能等方面的质量缺陷，造成人身伤亡或者重大经济损失的事故。

二、事故等级划分

根据工程质量事故造成的人员伤亡或者直接经济损失，工程质量事故分为 4 个等级：

（一）特别重大事故，是指造成 30 人以上死亡，或者 100 人以上重伤，或者 1 亿元以上直接经济损失的事故。

（二）重大事故，是指造成 10 人以上 30 人以下死亡，或者 50 人以上 100 人以下重伤，或者 5000 万元以上 1 亿元以下直接经济损失的事故。

（三）较大事故，是指造成 3 人以上 10 人以下死亡，或者 10 人以上 50 人以下重伤，或者 1000 万元以上 5000 万元以下直接经济损失的事故。

（四）一般事故，是指造成 3 人以下死亡，或者 10 人以下重伤，或者 100 万元以上 1000 万元以下直接经济损失的事故。

本等级划分所称的“以上”包括本数，所称的“以下”不包括本数。

三、事故报告

（一）工程质量事故发生后，事故现场有关人员应当立即向建设单位负责人报告；建设单位负责人接到报告后，应于 1 小时内向事故发生地县级以上人民政府住房和城乡建设主管部门及有关部门报告。

情况紧急时，事故现场有关人员可直接向事故发生地县级以上人民政府住房和城乡建设主管部门报告。

（二）住房和城乡建设主管部门接到事故报告后，应当依照下列规定上报事故情况，并同时通知公安、监察机关等有关部门：

1. 较大、重大及特别重大事故逐级上报至国务院住房和城乡建设主管部门，一般事故逐级上报至省级人民政府住房和城乡建设主管部门，必要时可以越级上报事故情况。

2. 住房和城乡建设主管部门上报事故情况，应当同时报告本级人民政府；国务院住房和城乡建设主管部门接到重大和特别重大事故的报告后，应当立即报告国务院。

3. 住房和城乡建设主管部门逐级上报事故情况时，每级上报时间不得超过 2 小时。

4. 事故报告应包括下列内容：

(1) 事故发生的时间、地点、工程项目名称、工程各参建单位名称。

(2) 事故发生的简要经过、伤亡人数和初步估计的直接经济损失。

(3) 事故的初步原因。

(4) 事故发生后采取的措施及事故控制情况。

(5) 事故报告单位、联系人及联系方式。

(6) 其他应当报告的情况。

5. 事故报告后出现新情况，以及事故发生之日起 30 日内伤亡人数发生变化的，应当及时补报。

四、事故调查

(一) 住房和城乡建设主管部门应当按照有关人民政府的授权或委托，组织或参与事故调查组对事故进行调查，并履行下列职责：

1. 核实事故基本情况，包括事故发生的经过、人员伤亡情况及直接经济损失。

2. 核查事故项目基本情况，包括项目履行法定建设程序情况、工程各参建单位履行职责的情况。

3. 依据国家有关法律法规和工程建设标准分析事故的直接原因和间接原因，必要时组织对事故项目进行检测鉴定和专家技术论证。

4. 认定事故性质和事故责任。

5. 依照国家有关法律法规提出对事故责任单位和责任人员的处理建议。

6. 总结事故教训，提出防范和整改措施。

7. 提交事故调查报告。

(二) 事故调查报告应当包括下列内容：

1. 事故项目及各参建单位概况。

2. 事故发生经过和事故救援情况。

3. 事故造成的人员伤亡和直接经济损失。

4. 事故项目有关质量检测报告和技术分析报告。

5. 事故发生的原因和事故性质。

6. 事故责任的认定和事故责任者的处理建议。

7. 事故防范和整改措施。

事故调查报告应当附具有关证据材料。事故调查组成员应当在事故调查报告上签名。

案例一：2009（一）部分内容

背景资料

某市中心区新建一座商业中心，建筑面积 26000m²，地下二层，地上十六层，一至三层有裙房，结构形式为钢筋混凝土框架结构，柱网尺寸为 8.4×7.2m，其中二层南侧有通长的悬挑露台，悬挑长度为 3m。

问题：工程质量事故按造成损失严重程度划分为哪几类？本工程露台结构质量事故属于哪一类？说明理由。

答案：

（1）按造成损失严重程度划分：

一般事故、较大事故、重大事故、特别重大事故。（4.0 分）

（2）属于一般事故；（1.0 分）

具备下列条件之一的为一般事故：

1）一次事故死亡人数 3 人以下；（1.0 分）

2）一次事故重伤人数 10 人以下；（1.0 分）

3）一次事故直接经济损失 100 万元以上、1000 万元以下。（1.0 分）

第九章　现场管理

第一节　施工现场管理核心考点

一、《绿色施工导则》

绿色施工是指工程建设中，在保证质量、安全等基本要求的前提下，通过科学管理和技术进步，最大限度地节约资源（节材、节水、节能、节地）与减少对环境负面影响的施工活动。

1. 环境保护技术考点

（1）水污染控制

保护地下水环境。采用隔水性能好的边坡支护技术。在缺水地区或地下水位持续下降的地区，基坑降水尽可能少地抽取地下水；当基坑开挖抽水量大于50万立方米时，应进行地下水回灌，并避免地下水被污染。

（2）土壤保护

对于有毒有害废弃物如电池、墨盒、油漆、涂料等应回收后交有资质的单位处理，不能作为建筑垃圾外运，避免污染土壤和地下水。

（3）建筑垃圾控制

减量化计划：住宅建筑，每万平方米的建筑垃圾不宜超过400吨。

回收再利用：建筑垃圾的再利用和回收率达到30%，建筑物拆除产生的废弃物的再利用和回收率大于40%；对于碎石类、土石方类建筑垃圾，可采用地基填埋、铺路等方式提高再利用率，再利用率大于50%。

2. 节材与材源利用技术考点

（1）节材措施

1）图纸会审时，应审核节材与材料资源利用的相关内容，达到材料损耗率比定额损耗率降低30%。

2）根据施工进度、库存情况等合理安排材料的采购、进场时间和批次，减少库存。

3）材料运输工具适宜，装卸方法得当，防止损坏和遗洒。根据现场平面布置情况就近卸载，避免和减少二次搬运。

4）采取技术和管理措施提高模板、脚手架等的周转次数。

5）优化安装工程的预留、预埋、管线路径等方案。

6）应就地取材，施工现场500公里以内生产的建筑材料用量占建筑材料总重量的70%以上。

（2）结构材料

推广使用预拌混凝土和商品砂浆。结构工程使用散装水泥。

推广使用高强钢筋和高性能混凝土，减少资源消耗。

（3）围护材料

外墙、门窗、屋面等围护结构选用耐候性及耐久性良好的材料，确保其密封性、防水性和保温性。

（4）装饰材料

贴面类材料在施工前，应进行总体排版策划，减少非整块材的数量。

（5）周转材料

1）应选用耐用、维护与拆卸方便的周转材料和机具：定型钢模、钢框竹模、竹胶板。

2）施工前应对模板工程的方案进行优化；优化高层建筑的外脚手架方案，采用整体提升、分段悬挑等方案。

3）现场办公和生活用房采用周转式活动房。现场围挡应最大限度地利用已有围墙，或采用装配式可重复使用围挡封闭。力争工地临房、临挡材料的可重复使用率达到70%。

3. 节水与水资源利用的技术考点

（1）提高用水效率

现场搅拌用水、养护用水应采取有效的节水措施，严禁无措施浇水养护混凝土。

（2）非传统水源利用

1）处于基坑降水阶段的工地，宜优先采用地下水作为混凝土搅拌用水、养护用水、冲洗用水和部分生活用水。

2）现场机具、设备、车辆冲洗、喷洒路面、绿化浇灌等用水，优先采用非传统水源，尽量不使用市政自来水。

3）力争施工中非传统水源和循环水的再利用量大于30%。

4. 节能与能源利用的技术考点

（1）节能措施

在施工组织设计中，合理安排施工顺序、工作面，以减少作业区域的机具数量，相邻作业区充分利用共有的机具资源。安排施工工艺时，应优先考虑耗用电能的或其它能耗较少的施工工艺。避免设备额定功率远大于使用功率或超负荷使用设备的现象。

（2）机械设备与机具

选择功率与负载相匹配的施工机械设备，避免大功率施工机械设备低负载长时间运行。合理安排工序，提高各种机械的使用率和满载率，降低各种设备的单位耗能。

（3）生产、生活及办公临时设施

临时设施宜采用节能材料，墙体、屋面使用隔热性能好的的材料，减少夏天空调、冬天取暖设备的使用时间及耗能量。

（4）施工用电及照明

1）临时用电优先选用节能电线和节能灯具，采用声控、光控等节能照明灯具；临电设备宜采用自动控制装置。

2）照明设计以满足最低照度为原则，照度不应超过最低照度的20%。

5. **节地与施工用地保护的技术考点**

（1）临时用地指标

要求平面布置合理、紧凑，在满足环境、职业健康与安全及文明施工要求的前提下尽可能减少废弃地和死角，临时设施占地面积有效利用率大于90%。

（2）临时用地保护

应对深基坑施工方案进行优化，减少土方开挖和回填量，最大限度地减少对土地的扰动，保护周边自然生态环境。

（3）施工总平面布置

施工现场搅拌站、仓库、加工厂、作业棚、材料堆场等布置应尽量靠近已有交通线路或即将修建的正式或临时交通线路，缩短运输距离。

施工现场道路按照永久道路和临时道路相结合的原则布置。施工现场内形成环形通路，减少道路占用土地。

二、施工现场平面布置

根据项目总体施工部署，绘制现场不同施工阶段总平面布置图，通常有基础工程施工总平面、主体结构工程施工总平面、装饰工程施工总平面等。

1. **施工总平面图的设计内容**

（1）相邻的地上、地下既有建（构）筑物及相关环境。

（2）施工现场范围内的地形状况。

（3）拟建工程和其他基础设施的位置。

（4）施工现场的消防、安全、运输、加工、存储、供电、供水、供热、排水、排污、保卫和环保等设施。

（5）临时施工道路。

（6）办公用房和生活用房。

2. 施工总平面图设计原则

（1）遵守当地主管部门和建设单位关于施工现场安全文明施工的相关规定。

（2）平面布置科学合理，施工场地少占用面积。

（3）合理组织运输，减少二次搬运。

（4）施工区域的划分应符合总体施工部署的要求，减少相互干扰。

（5）符合节能、环保、安全和消防等要求。

（6）充分利用既有建（构）筑物和既有设施为项目施工服务，降低临时设施的建造费用。

（7）临时设施应方便生产和生活，办公区、生活区、生产区宜分离设置。

3. 施工总平面图设计的步骤

（1）设置大门，引入场外道路

施工现场宜考虑设置两个以上大门。

（2）布置大型机械设备

布置塔吊：应考虑其覆盖范围、可吊物件的运输和堆放；

布置混凝土泵：应考虑泵管的输送距离、混凝土罐车行走方便。

（3）布置仓库、堆场

一般应接近使用地点，其纵向宜与交通线路平行。

（4）布置加工厂

总的指导思想是应使材料和构件的运输量小，有关联的加工厂适当集中。

（5）布置内部临时运输道路

按货运量大小设计双行干道或单行循环道满足运输和消防要求。主干道宽度单行道不小于4m，双行道不小于6m。木材场两侧应有6m宽通道，端头处应有12m×12m回车场，载重车转弯半径不宜小于15m。

（6）布置临时房屋

办公用房宜设在工地人口处。

（7）布置临时水电管网和其他动力设施

临时总变电站应设在高压线进人工地处，尽量避免高压线穿过工地。

4. 总体要求

文明施工、安全有序、整洁卫生、不扰民、不损害公众利益。

三、施工临时用水

1. 临时用水管理

（1）临时用水量包括：现场施工用水量 q1、施工机械用水量 q2、现场生活用水量 q3、生活区生活用水量 q4、消防用水量 q5。在分别计算了以上各项用水量之后，才能确定总用水量。

（2）管线穿路处均要套以铁管，并埋入地下 0.6m 处，以防重压；过冬的临时水管须埋在冰冻线以下或采取保温措施。

2. 临时用水计算

总用水量（Q）计算：

（1）当（q1+q2+q3+q4）≤q5 时，则 Q=q5+（q1+q2+q3+q4）/2。

（2）当工地面积小于 5ha，而且（q1+q2+q3+q4）<q5 时，则 Q=q5。

（3）当（q1+q2+q3+q4）>q5 时，则 Q=q1+q2+q3+q4。

最后计算出总用水量（以上各项相加），还应增加 10%的漏水损失。

消防用水量（q5）：最小 10L/s；施工现场在 25ha 以内时，不大于 15L/s。

3. 临时用水管径计算

$Q=(\pi d^2/4)1000v$

第二节　施工现场管理经典考题

案例一：2011 建筑（三）部分内容

背景资料

某办公楼工程，建筑面积 82000m²，地下三层，地上二十层，钢筋混凝土框架剪力墙结构。距邻近六层住宅楼 7m。地基土层为粉质粘土和粉砂，地下水为潜水，地下水位－9.5m，自然地面－0.5m。基础为片筏基础，埋深 14.5m，基础底板混凝土厚 1500mm，水泥采用普通硅酸盐水泥，采取整体连续分层浇筑方式施工。基坑支护工程委托有资质的专业单位施工，降排的地下水用于现场机具、设备清洗。主体结构选择有相应资质的 A 劳务公司作为劳务分包，并签订了劳务分包合同。

问题：降排的地下水还可用于施工现场哪些方面？

答案：（1）经检测符合要求后可用于搅拌混凝土。

（2）经检测符合规定后可用于混凝土养护。

（3）经检测符合要求后可用于搅拌砂浆。

（4）经检测符合要求后可用于施工机械用水。

（5）可用于消防用水。

（6）可用于洒水降尘。

（7）环境卫生用水。

（8）可用于井点回灌。

案例二：2011 建筑（五）部分内容

背景资料

某建筑工程，施工总平面图现场管理总体要求包括“安全有序”“不损害公众利益”两项内容。

问题：施工总平面图现场管理总体要求还应包括哪些内容？

答案：

总体要求还应包括：文明施工、整洁卫生、不扰民。（2.0 分）

案例三：2012 建筑（五）部分内容

背景资料

某施工单位承接了两栋住宅楼。

基坑及土方施工时设置了降水井，项目经理部针对本工程具体情况制定了《×××工程绿色施工方案》，对“四节一环保”提出了具体技术措施，实施中取得了良好的效果。

问题：该工程《×××工程绿色施工方案》在节水方面应提出哪些主要技术要点？

答案：节水的主要技术要点：

（1）采用先进的节水施工工艺。（1.0 分）

（2）对搅拌用水、养护用水应采取有效的节水措施，对车辆、设备的冲洗用水应设置循环装置。（1.0 分）

（3）对临时用水应使用节水型产品，对工程用水、生活用水应确定定额指标，并分别计量管理。（1.0 分）

（4）冲洗车辆、喷洒路面、浇灌绿化，应优先选用非传统水源。（1.0 分）

（5）采用隔水性能好的边坡支护技术，尽可能少的抽取地下水；当抽水量大于 50 万 m^3 时，应进行地下水回灌。（1.0 分）

第十章　规范标准

案例一：2010（五）

背景资料

某办公楼工程，建筑面积153000m²，地下二层，地上三十层，建筑物总高度136.6m，地下钢筋混凝土结构，地上型钢混凝土组合结构，基础埋深8.4m。

施工单位项目经理根据《建设工程项目管理规范》（GB/T 50326－2006），主持编制了项目管理实施规划，包括工程概况、组织方案、技术方案、风险管理计划、项目沟通管理计划、项目收尾管理计划、项目现场平面布置图、项目目标控制措施、技术经济指标等十六项内容。

风险管理计划中将基坑土方开挖施工作为风险管理的重点之一，评估其施工时发生基坑坍塌的概率为中等，且风险发生后将造成重大损失。为此，项目经理部组织建立了风险管理体系，指派项目技术部门主管风险管理工作。

项目经理指派项目技术负责人组织编制了项目沟通计划。该计划中明确项目经理部与内部作业层之间依据《项目管理目标责任书》进行沟通和协调；外部沟通可采用电话、传真、协商会等方式进行；当出现矛盾和冲突时，应借助政府、社会、中介机构等各种力量来解决问题。

工程进入地上结构施工阶段，现场晚上11点后不再进行土建作业，但安排了钢结构焊接连续作业。由于受城市交通管制，运输材料、构件的车辆均在凌晨3～6点之间进出现场。项目经理部未办理夜间施工许可证。附近居民投诉：夜间噪声过大，光线刺眼，且不知晓当日施工安排。项目经理派安全员接待了来访人员。之后，项目经理部向政府环境保护部门进行了申报登记，并委托某专业公司进行了噪声检测。

项目收尾阶段，项目经理部依据项目收尾管理计划，开展了各项工作。

问题：

1. 项目管理实施规划还应包括哪些内容？（至少列出三项）

2. 评估基坑土方开挖施工的风险等级。风险管理体系应配合项目经理部哪两个管理体系进行组织建立？指出风险管理计划中项目经理部工作的不妥之处。

3. 指出上述项目沟通管理计划中的不妥之处，说明正确做法。外部沟通还有哪些常见方式？

4. 根据《建筑施工场界噪声限值》（GB 12523—90），结构施工阶段昼间和夜间的场界噪声限值分别是多少？针对本工程夜间施工扰民事件，写出项目经理部应采取的正确做法。

5. 项目收尾管理主要包括哪些方面的管理工作？

答案：

1.（本小题 3.0 分）

（1）总体工作计划。（1.0 分）

（2）成本计划。（1.0 分）

（3）进度计划。（1.0 分）

（4）质量计划。

（5）职业健康安全与环境管理计划。

（6）资源需求计划。

（7）信息管理计划。

【评分准则：列出三项正确的，即得 3 分】

2.（本小题 6.0 分）

（1）基坑土方开挖施工的风险等级为重大风险，因为基坑坍塌的概率为中等，且风险发生后将造成重大损失，根据风险等级划分表，该类风险为重大风险。（2.0 分）

（2）风险管理体系应配合项目经理部的《项目质量管理体系》《职业健康安全管理体系与环境管理体系》进行组织建立。（2.0 分）

（3）不妥之处："指派项目技术部门主管风险管理工作"不妥；因为风险管理涉及各个工作部门，应明确各部门各管理人员的风险管理职责与权限。（2.0 分）

3.（本小题 7.0 分）

（1）不妥之处：

①"内部沟通仅按《项目管理目标责任书》进行沟通和协调"不妥；（1.0 分）

正确做法：项目内部沟通应依据项目沟通计划、规章制度、项目管理目标责任书、控制目标等进行。（1.0 分）

②"当出现矛盾时借助政府、社会、中介机构等各种力量来解决。"不妥；（1.0 分）

正确做法：解决矛盾和冲突可采用下列方法包括使项目的相关方了解项目计划，明确项目目标；协商、让步、缓和、强制和退出。（1.0分）

（2）外部沟通还有联合检查、宣传媒体和项目进展报告等方式（3.0分）

4.（本小题8.0分）

（1）夜间55分贝，昼间70分贝。（2.0分）

（2）项目经理部应采取的正确做法：

1）及时向政府有关部门申请补办夜间施工许可证；（1.0分）

2）及时向政府投诉部门作出深刻检讨，接受其批评和处罚；（1.0分）

3）及时公告社区居民；（1.0分）

4）做好接待、解释、安抚工作；（1.0分）

5）严格控制施工噪声；（1.0分）

6）严格控制施工焊接产生的光污染。（1.0分）

5.（本小题6.0分）

项目收尾管理主要包括竣工收尾、验收、结算、决算、回访保修、管理考核评价等方面的管理。

案例二：2011（四）

背景资料

某写字楼工程，施工总承包单位任命李某为该工程的项目经理，并规定其有权决定授权范围内的项目资金投入和使用。

问题：根据《建设工程项目管理规范》的规定，项目经理的权限还应有哪些？

答案：

（1）参与项目投标和合同签订。（0.5分）

（2）参与组建项目经理部。（0.5分）

（3）参与选择并使用具有相应资质的分包人。（0.5分）

（4）参与选择物资供应单位。（0.5分）

（5）在授权范围内协调与项目有关的内外部关系。（0.5分）

（6）主持项目经理部的日常工作。（0.5分）

（7）制定内部计酬办法。（0.5分）

（8）法定代表人授予的其他权力。（0.5分）

案例三：2011（五）部分内容

背景资料

某建筑工程，施工总承包单位的项目经理安排项目技术负责人组织编制《项目管理实施规划》，并提出了编制工作程序。

问题：项目经理的做法有何不妥？项目管理实施规划编制工作程序包括哪些内容？

答案：

（1）“项目经理安排项目技术负责人组织编制《项目管理实施规划》”不妥，因应由项目经理组织编制，并应在项目开工前完成。（2.0分）

（2）工作程序包括：

1）了解项目相关各方的要求；（1.0分）

2）分析项目条件和环境；（1.0分）

3）熟悉相关法规和文件；（1.0分）

4）组织编制；（1.0分）

5）履行报批手续。（1.0分）

案例四：2012（四）部分内容

背景资料

某酒店建设工程，甲施工单位与建设单位签订施工总承包合同后，按照《建设工程项目管理规范》（GB/T 50326—2006）进行了合同管理工作。

问题：甲施工单位进行合同管理工作应执行哪些程序？

答案：

进行合同管理工作应执行的程序包括：

（1）合同评审。（1.0分）

（2）合同订立。（1.0分）

（3）合同实施计划。（1.0分）

（4）合同实施控制。（1.0分）

（5）合同综合评价。（1.0分）

（6）有关知识产权的合法使用。（1.0分）

案例五：2011（五）部分内容

背景资料

某建筑工程，施工总承包单位编制了《项目安全管理实施计划》，内容包括“项目安全管理目标”“项目安全管理机构和职责”“项目安全管理主要措施”三方面内容，并规定项目安全管理工作贯穿施工阶段。

问题：

1. 项目安全管理实施计划还应包括哪些内容？

2. 工程总承包单位安全管理工作应贯穿哪些阶段？

答案：

1.（本小题 3.0 分）

还应包括的的内容有：

（1）项目安全危险源的识别与控制技术和管理措施。（1.0 分）

（2）对从事危险环境下的专业人员的培训教育计划。（1.0 分）

（3）对危险源及其风险规避的宣传与警示方式。（1.0 分）

2.（本小题 2.0 分）

安全管理所涉及的阶段：设计阶段、采购阶段、施工阶段、试运行阶段。（2.0 分）

附：

2017 年全国一级建造师执业资格考试案例分析标答与模板

一、清单计价规范【造价真题改编】

某工程项目施工承包合同规定：规费费率 3.5%，以分部分项工程费为基础计算；综合税率 3.41%。在施工过程中，发生以下事件。

事件 1：在工程进行到第 2 个月时，发包人要求设计变更，增加一项花岗石墙面工程，由发包人提供花岗石材料，双方商定该项综合单价中的管理费、利润均以人工费与机械费之和为基础，管理费费率取 40%，利润率为 14%。变更工程的相关信息如附表 1 所示（单位：m^2）。

附表 1

项目名称	单位	消耗量	市场价/元
综合工日	工日	0.56	60.00
白水泥	kg	0.155	0.80
花岗石	m^2	1.06	530.00
水泥砂浆	m^3	0.0299	240.00
其他材料费	元		6.40
搅拌机	台班	0.0052	49.18
切割机	台班	0.0969	52.00

事件 2：在工程进行到第 4 个月时，施工单位按计划进度完成了 200 万元建安工程造价，同时还完成了发包人要求增加的一项工作内容，经工程师计量后的该工作工程量为 $260m^2$，经发包人批准的综合单价为 352 元/ m^2。

问题：

1. 计算花岗石墙面工程的综合单价。

2. 列式计算第4个月的已完工程款为多少万元？

（计算过程及结果均保留2位小数）

答案：

1. （本小题7.0分）

（1） $0.56\times60=33.60$ 元/m^2； （1.0分）

（2） $0.155\times0.8+1.06\times530+0.0299\times240+6.4=575.50$ 元/m^2； （1.0分）

（3） $0.0052\times49.18+0.0969\times52=5.29$ 元/m^2。 （1.0分）

$33.60+5.29=38.89$ 元/m^2。 （1.0分）

（4） $38.89\times40\%=15.56$ 元/m^2。 （1.0分）

（5） $38.89\times14\%=5.44$ 元/m^2。 （1.0分）

综合单价：$33.6+5.29+575.5+15.56+5.44=635.39$ 元/m^2。 （1.0分）

2. （本小题4.0分）

（1） 200万元的。

（2） $260\times352\times1.035\times1.0341=9.80$ 万元； （3.0分）

$200+9.8=209.8$ 万元。 （1.0分）

二、工程款管理【2009造价真题改编】

某项目由A、B、C三个分项工程组成，通过清单招标确定了中标人，并签订了施工合同，合同工期为5个月，各月计划工程量及相应分项工程的综合单价如附表2所示。

附表2

项目	1	2	3	4	5	综合单价（元/m^3）
A	500	600				180
B		750	800			480
C			950	1100	1000	375

合同规定：

1. 开工前，发包方向承包方支付分部分项工程费的 15%作为材料预付款，预付款从工程开工后的第 2 个月开始分 3 个月均摊抵扣。

2. 工程量价款按月计量支付，发包方每月支付承包方已完分部分项工程款的 90%。

3. 措施项目工程款在开工前和开工后的第 1 个月末分两次全额平均支付。

4. 每一分项工程实际累计完成工程量超过计划累计完成工程量 10%以上时，该分项工程超出部分的工程量综合调整系数取 0.95。

5. 措施项目费以分部分项工程费的 2%计取。

6. 其他项目费为 20.86 万元。

7. 规费综合费率为 3.5%，综合税率为 3.35%。

经工程师确认的前 3 个月已完实际工程量如附表 3 所示。

附表 3

项目	1	2	3
A	630	600	
B		750	1000
C			950

问题：

1. 工程合同价为多少万元？

2. 材料预付款为多少万元？

3. 开工前承包方应得措施项目工程款为多少万元？

4. 计算第 1、2、3 个月工程师应确认的工程款各为多少万元？

（计算过程及结果均保留两位小数）

答案：

1. （1）A：$500+600=1100m^3$，　$1100\times180=19.80$ 万元；

B：$750+800=1550m^3$，　$1550\times480=74.40$ 万元；

C：$950+1100+1000=3050m^3$，　$3050\times375=114.38$ 万元；

小计：19.8+74.4+114.38=208.58 万元。（3.0 分）

（2）208.58×2%=4.17 万元。（1.0 分）

(3) 20.86 万元；

(208.58+4.17+20.86) ×1.035×1.0335=249.89 万元。 (1.0 分)

2.208.58×15%=31.29 万元。 (2.0 分)

3.4.17×1.035×1.0335×50%=2.23 万元。 (2.0 分)

4. (1) ①630×180=11.34 万元； (1.0 分)

②4.17×50%=2.09 万元； (1.0 分)

③ 0；

(11.34×90%+2.09) ×1.035×1.0335=13.15 万元。 (1.0 分)

(2) ①A：630+600=1230m^3，(1230−1100) /1100=11.82%>10%；

(0.5 分)

起出部分调价为 180×0.95=171 元/m^3； (0.5 分)

调价量 1230−1100×1.1=20m^3； (0.5 分)

原价量 600−20=580m^3； (0.5 分)

580×180+20×171+750×480=46.78 万元； (1.0 分)

②0；

③0；

46.78×1.035×1.0335×90%−31.29/3=34.61 万元。 (1.0 分)

(3) ①B：750+1000=1750m^3，(1750−1550) /1550=12.9%>10%；

(0.5 分)

起出部分调价为 480×0.95=456 元/m^3； (0.5 分)

调价量 1750−1550×1.1=45m^3； (0.5 分)

原价量 1000−45=955m^3； (0.5 分)

955×480+45×456+950×375=83.52 万元； (1.0 分)

② 0；

③ 0；

83.52×1.035×1.0335×90%−31.29/3=69.98 万元。 (1.0 分)

三、成本管理【造价真题改编】

某建设工程，施工单位按最早开始时间安排的横道图进度计划如附图 1 所示，其中虚线上方数字为该工作每月的计划成本（单位：万元）。该工程施工合同规定工程于 1 月 1 日开工。在实施过程中，各工作的实际工程量和持续时间均与计划相同。

问题：

1. 在施工过程中，工作 A、C、E 按原计划实施，如附图 1 中的实横道线所示，工作 B 推迟 1 个月开始，导致工作 D、F 的开始时间相应推迟 1 个月。完成 B、D、F 工作的实际进度的横道图。

工作	时间 / 月												
	1	2	3	4	5	6	7	8	9	10	11	12	13
A	180												
B		200	200	200									
C		300	300	300	300								
D					160	160	160	160	160	160			
E						140	140	140					
F											120	120	

附图 1

2. 若前三个季度施工单位统计的成本综合上涨系数分别为 1.00、1.05 和 1.10。根据附图 1 的相关信息完成如附表 4 所示的相关栏目。

附表 4

项　　目	1	2	3	4	5	6	7
每月计划工作预算成本							
计划工作预算成本累计							
每月已完工作预算成本							
已完工作预算成本累计							
每月已完工作实际成本							
已完工作实际成本累计							

3. 列式计算第 7 个月末的成本偏差和进度偏差（计算结果保留两位小数）。

答案：

1. 横通图进度计划如附图 2 所示。（本小题 3.0 分）

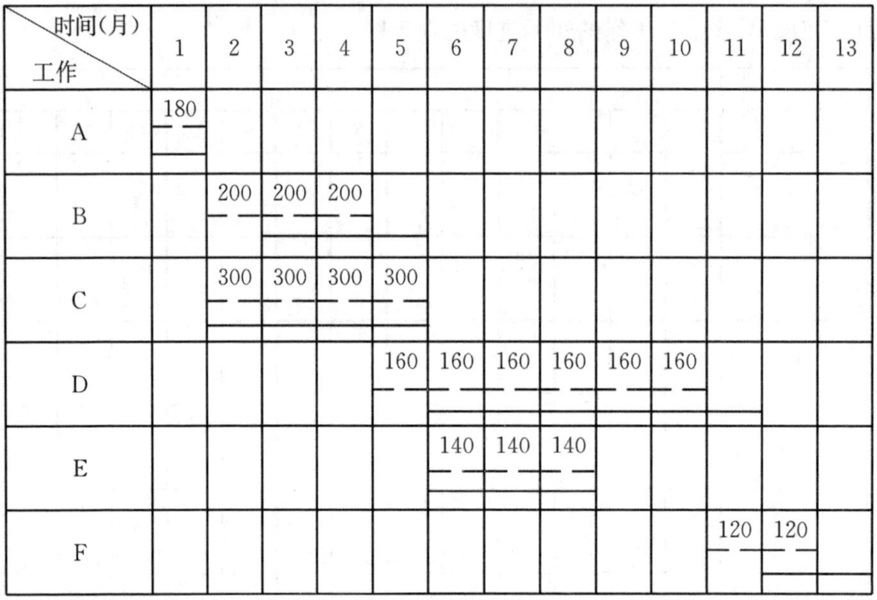

附图 2

2. 如附表 5 所示。（本小题 3.0 分）

附表 5

项　　目	1	2	3	4	5	6	7
每月计划工作预算成本	180	500	500	500	460	300	300
计划工作预算成本累计	180	680	1180	1680	2140	2440	2740
每月已完工作预算成本	180	300	500	500	500	300	300
已完工作预算成本累计	180	480	980	1480	1980	2280	2580
每月已完工作实际成本	180	300	500	525	525	315	330
已完工作实际成本累计	180	480	980	1505	2030	2345	2675

3. （本小题 5.0 分）

（1）2580－2675＝－95 万元，即成本超支 95 万元。　（2.5 分）

（2）2580－2740＝－160 万元，即进度拖后 160 万元。　（2.5 分）

四、流水施工【无节奏流水】

某分项工程包含依次进行的甲、乙、丙三个施工过程，每个施工过程划分成四个施工段组织流水施工，三个施工过程的流水节拍如附表 6 所示。为了缩短工期，项目经理部的进度控制部门安排乙施工过程提前一天开工。按施工质量验收规范的规定，乙施工过程的每个施工段完成后至少要养护两天，才能进行丙施工过程的相应施工段施工。

附表 6

施工过程 / 施工段	甲过程	乙过程	丙过程
施工段一	2	3	4
施工段二	4	2	2
施工段三	3	3	1
施工段四	2	3	3

问题：

1. 该分项工程应采用哪种流水施工的类型组织施工？说明原因。
2. 甲、乙、丙三个施工过程之间的流水步距分别为多少天？
3. 试计算该分项工程的流水工期。
4. 绘制该分项工程的流水施工横道图。

答案：

1. 该分项工程应采用无节奏流水施工的类型组织施工。

因为该分项工程的同一个施工过程流水节拍不相等，不同施工过程的流水节拍也不相等，流水节拍没有规律可循。

2. 两个流水步距

（1）甲和乙

$$\begin{array}{rrrrrr} & 2 & 6 & 9 & 11 & \\ -) & & 3 & 5 & 8 & 11 \\ \hline & 2 & 3 & 4 & 3 & -11 \end{array}$$

$k_{甲、乙}=4$ 天

实际 $k_{甲、乙}=4-1=3$ 天

（2）乙和丙

$$
\begin{array}{rrrrrr}
 & 3 & 5 & 8 & 11 & \\
-) & & 4 & 6 & 7 & 10 \\
\hline
 & 3 & 1 & 2 & 4 & -10
\end{array}
$$

$k_{乙、丙}=4$ 天

实际 $k_{乙、丙}=4+2=6$ 天

3. $T=\sum k+\sum t_n+\sum j-\sum c=(4+4)+(4+2+1+3)+2-1=19$ 天

4. 流水施工横通图如附图 3 所示。

附图 3

五、网络计划【工期优化】

某工程，网络计划如附图 4 所示。

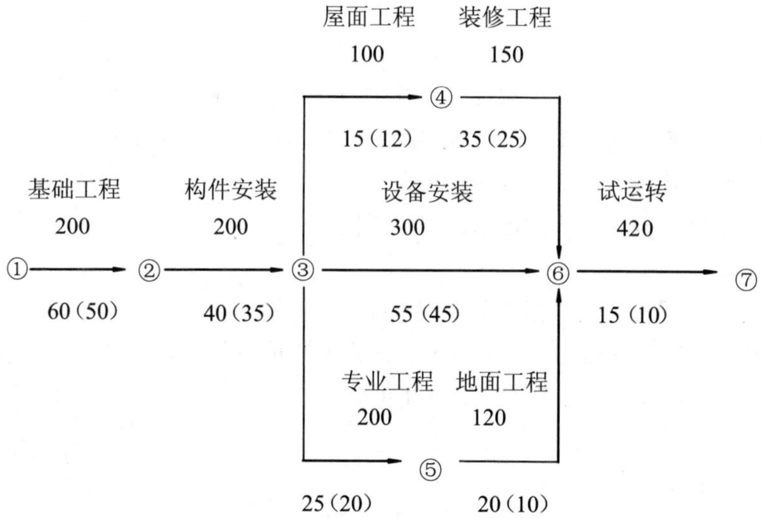

附图 4

在施工过程中，第 75 天下班时刻进度检查时，基础工程刚刚完成。

问题：如何调整原计划，既经济又能保证原计划工期？写出调整步骤。

答案：【准则：压缩、工期、增费少】

(1) 第 75 天检查时，基础工程刚刚完成，工期拖后 75－60＝15 天。

(1.0 分)

（2）调整步骤：

①压缩②—③工作 5 天，工期缩短 5 天，增加费用最少：200×5=1000 元；（1.5 分）

②压缩③—⑥工作 5 天，工期缩短 5 天，增加费用最少：300×5=1500 元；（1.5 分）

③同压③—⑥和③—④3 天，工期缩短 3 天，增费最少：400×3=1200 元；（2.0 分）

④压缩⑥—⑦工作 2 天，工期缩短 2 天，增加费用最少：420×2=840 元。（1.5 分）

（3）调整方案：压缩②—③工作 5 天、③—⑥工作 8 天、③—④工作 3 天、⑥—⑦工作 2 天；增加费用 100+1500+1200+840=4540 元，为最少费用。（2.0 分）

六、网络计划【网络与流水】

某工程，合同工期 20 个月。经总监审核批准的施工进度计划如附图 5 所示（时间单位：月）。

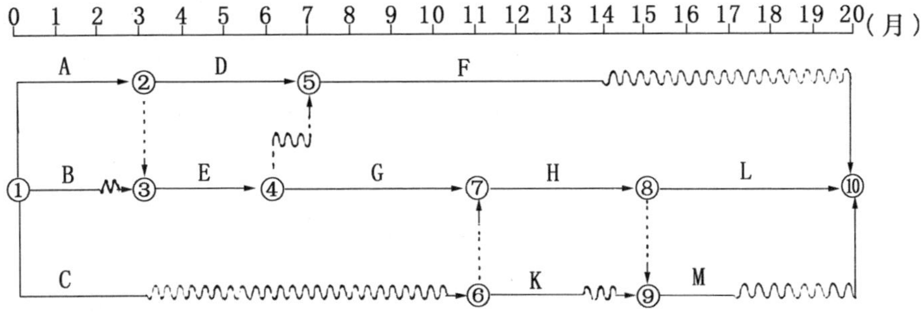

附图 5

施工过程中，当工作 G 开始之时检查实际进度，发现此前施工进度正常。此时，建设单位与施工单位协商将工期提前 4 个月。施工单位提出如下赶工方案，得到总监的同意。

该方案将 G、H、L 三项工作均分成两个施工段组织流水施工，流水节拍依次分别为（2，3）（2，2）（2，3）。

问题：

1. 写出以工作字母表示的关键线路。

2. 计算 G、H、L 工作组织流水施工的流水工期为多少个月？

3. 组织流水施工后，工程总工期能否提前 4 个月？为什么？

答案：【准则：网络、流水、两工期】

1. （本小题 2.5 分）

关键线路：A—E—G—H—L （2.5 分）

2. （本小题 4.5 分）

（1）G 工作与 H 工作的流水步距

$$\begin{array}{rrrr} & 2 & 5 & \\ -) & & 2 & 4 \\ \hline & 2 & 3 & -4 \end{array}$$

$k_{G、H}=3$ 个月 （1.5 分）

（2）H 工作与 L 工作的流水步距

$$\begin{array}{rrrr} & 2 & 4 & \\ -) & & 2 & 5 \\ \hline & 2 & 2 & -5 \end{array}$$

$k_{H、L}=2$ 个月 （1.5 分）

$T=\sum k+\sum t_n+\sum j-\sum c=$ （3+2）+（2+3）=10 个月 （1.5 分）

3. （本小题 4.0 分）

工程总工期能够提前 4 个月，因为关键线路为 A—E—G—H—L，原计划中 G—H—L 的持续时间为 5+4+5=14 天，组织流水施工后的持续时间为 10 个月，14－10=4 个月，同时其他线路的持续时间均满足总工期提前 4 个月的要求。 （4.0 分）

七、施工质量验收【2004（四）部分内容】

某建筑公司承接了一项综合楼任务，建筑面积 100 828 ㎡，地下 3 层，地上 26 层，箱形基础，主体为框架剪力墙结构。该项目地处城市主要街道交叉路口，是该地区的标志性建筑物。因此，施工单位在施工过程中加强了对工序质量的控制。

在第 5 层楼板钢筋隐蔽工程验收时发现整个楼板受力钢筋型号不对、位置放置错误，施工单位非常重视，及时进行了返工处理。

在第 10 层混凝土部分试块检测时发现强度达不到设计要求，但实体经有资质的检测单位检测鉴定，强度达到了设计要求。由于加强了预防和检查，没有再发生类似情况。

该楼最终顺利完工，达到验收条件后，建设单位组织了竣工验收。

问题：

1. 说出第5层钢筋隐蔽工程验收的要点。

2. 第10层的质量问题是否需要处理？说明理由。

3. 如果第10层实体混凝土强度经检测达不到要求，施工单位应如何处理？

答案：

1.（本小题4.0分）

（1）钢筋的连接方式、接头位置、接头数量、接头面积百分率等。（1.0分）

（2）纵向受力钢筋的品种、数量、规格、位置等。（1.0分）

（3）箍筋、横向钢筋的品种、数量、规格、间距等。（1.0分）

（4）预埋件的品种、规格、数量、位置等。（1.0分）

2.（本小题2.0分）

不需要处理；（1.0分）

理由：经有资质的检测单位鉴定强度达到了设计要求，可以予以验收。（1.0分）

3.（本小题8.0分）

（1）请设计单位核算，如果能够满足结构安全，可以予以验收。（2.0分）

（2）如果不能满足结构安全，请设计单位编制技术处理方案，经监理工程师审核确认后，由施工单位进行处理。（2.0分）

（3）经加固补强后能够满足结构安全，可以予以验收。（2.0分）

（4）经加固补强后仍不能满足结构安全的，应返工重做。（2.0分）

八、基础工程【2005（四）】

某建筑工程，建筑面积108000㎡，现浇剪力墙结构，地下3层，地上50层。基础埋深14.4m，底板厚3m，底板混凝土强度等级C35/P12。

底板钢筋施工时，板厚1.5m处的HRB335级直径16mm钢筋，施工单位征得监理单位和建设单位同意后，用HPB235级直径10mm的钢筋进行代换。

施工单位选定了某商品混凝土搅拌站，由该站为其制定了底板混凝土施工方案。该方案采用溜槽施工，分两层浇筑，每层厚度1.5m。

底板混凝土浇筑时当地最高大气温度38℃，混凝土最高入模温度40℃。浇筑完成12h以后采用覆盖一层塑料膜一层保温岩棉养护7天。测温记录显示：混凝土内部最高温度75℃，其表面最高温度45℃。

监理工程师检查发现底板表面混凝土有裂缝，经钻芯取样检查，取样样品均有贯通裂缝。

问题：

1. 该基础底板钢筋代换是否合理？说明理由。

2. 商品混凝土供应站编制大体积混凝土施工方案是否合理？说明理由。

3. 本工程基础底板产生裂缝的主要原因是什么？

4. 大体积混凝土裂缝控制的常用措施是什么？

答案：

1.（本小题4.0分）

不合理；理由：（1.0分）

（1）钢筋代换属于设计变更，还应征得设计单位同意，由设计单位签发《设计变更通知单》后，施工单位方可进行钢筋代换。（1.0分）

（2）对重要构件，不宜用HPB235级钢筋代换HRB335钢筋。（1.0分）

（3）大体积钢筋混凝土底板的钢筋代换，应进行抗裂度或裂缝宽度的验算。（1.0分）

2.（本小题2.0分）

不合理；（1.0分）

理由：大体积混凝土施工方案应由施工单位编制。（1.0分）

3.（本小题10.0分）

（1）混凝土入模温度过高。（2.0分）

（2）砂、石、水搅拌前未进行冷却处理。（2.0分）

（3）混凝土浇筑完成后，未及时覆盖保温、保湿材料。（2.0分）

（4）抗渗混凝土浇水养护时间不得少于14d。（2.0分）

（5）混凝土里表温差超过25℃。（2.0分）

4.（本小题14.0分）

（1）严格进行混凝土配合比设计的计算和调试。（2.0分）

（2）优先选用中、低热的硅酸盐水泥或低热的矿渣水泥。（2.0分）

（3）掺入的缓凝剂、减水剂、膨胀剂应符合外加剂规范的要求。（2.0分）

（4）砂、石、水搅拌前应进行冷却处理，以便降低混凝土的入模温度，控制混凝土里表温差超过25℃。（2.0分）

（5）混凝土浇筑完成后的12小时内，应及时覆盖保湿材料进行养护；抗渗混凝土浇水养护时间不得少于14d。（2.0分）

（6）按设计要求留置变形缝、后浇带或进行跳仓法施工。（2.0 分）

（7）采用二次振捣和二次抹压的施工工艺进行处理。（2.0 分）

九、安全条例【自编】

某工程，建设单位通过公开招标，与甲施工单位签订了施工总承包合同，依据施工合同约定，甲通过招标将钢结构工程依法分包给乙施工单位。

施工过程中发生了如下事件。

事件 1：甲施工单位项目经理安排技术员兼任施工现场安全员，并安排其编制深基坑支护与降水工程专项施工方案，项目经理对该施工方案进行安全估算后，即组织现场施工，并将施工方案报送了项目监理机构。

事件 2：为了满足钢结构吊装施工的需要，甲施工单位向设备租赁公司租用了一台大型起重塔吊，委托了一家具有相应资质的安装单位进行塔吊安装，安装完成后，由甲、乙施工单位对该塔吊共同进行了验收，验收合格后投入使用，并在 30 日内到有关部门进行了登记。

事件 3：钢结构施工中，专监在现场发现乙使用的高强螺栓未经报验，存在严重的安全隐患，即向乙签发了《工程暂停令》，并报告了总监。甲得知后也要求乙立即停工整改，乙为赶工期，边施工边报验，项目监理机构及时报告了有关主管部门。报告发出的当天，发生了因高强螺栓不符合质量标准导致的钢梁高空坠落事故，造成 3 人死亡、1 人重伤。

事件 4：事故发生 1 小时后，项目经理向单位负责人报告了事故情况，单位负责人依法向有关行政主管部门进行了报告。工程所在地的县级人民政府委托事故发生单位组织事故调查组进行了事故调查。

问题：1. 在事件 1 中，指出项目经理做法的不妥之处，写出正确做法。

2. 对于事件 2，指出塔吊验收中的不妥之处，并说明理由。

3. 在事件 3 中专监做法是否妥当？说明理由。在上述安全事故中，甲、乙施工单位各应承担什么责任？说明理由。

4. 指出事件 4 中的不妥之处，说明原因。

5. 简述事故调查报告的内容。

答案：

1.（本小题 7.5 分）

（1）“安排技术员兼任施工现场安全员”不妥；（0.5 分）

正确做法：施工现场应配备专职安全管理人员。（1.0 分）

（2）“安排其编制深基坑支护与降水工程专项施工方案”不妥；（0.5 分）

正确做法：应由施工单位的相关部门或项目经理组织编制深基坑支护与

降水工程专项施工方案，并由施工单位组织专家进行论证审查。（1.0分）

(3)“项目经理对该施工方案进行安全估算”不妥；（0.5分）

正确做法：应由专项施工方案编制人对施工方案进行安全验算。（1.0分）

(4)“即组织现场施工”不妥；（0.5分）

正确做法：施工方案经论证审查合格，并由施工单位技术负责人和总监签字后，方可组织施工。（1.0分）

(5)“将施工方案报送了项目监理机构”不妥；（0.5分）

正确做法：深基坑支护与降水工程专项施工方案编制完成后，应经施工单位组织专家审查论证合格后，由施工单位技术负责人签字，然后报送了项目监理机构，总监审查合格签字后，方可组织施工。（1.0分）

2.（本小题1.5分）

“由甲、乙施工单位对塔吊共同进行了验收，验收合格后投入使用”不妥；（0.5分）

理由：应由甲施工单位、乙施工单位、安装单位、设备租赁公司共同进行了验收，合格后方可投入使用。（1.0分）

3.（本小题5.0分）

(1) 不妥；（0.5分）

理由：专监无权签发了《工程暂停令》，专监应报告总监，由总监向甲施工单位签发了《工程暂停令》，乙施工单位是分包单位，与建设单位没有合同关系。（1.0分）

(2) 甲施工单位承担连带责任；（0.5分）

理由：甲施工单位是总承包单位，乙施工单位是分包单位，总承包单位与分包单位就分包工程的安全承担连带责任。（1.0分）

乙施工单位承担主要和直接责任；（1.0分）

理由：乙施工单位未执行甲施工单位的指令，该事故的直接原因是使用的高强螺栓未经报验。（1.0分）

4.（本小题3.0分）

(1)“事故发生1小时后，项目经理向单位负责人报告了事故情况”不妥；（0.5分）

因事故发生后，项目经理应及时向单位负责人报告。（1.0分）

(2)“工程所在地的县级人民政府委托事故发生单位组织事故调查组进行了事故调查”不妥；（0.5分）

因造成3人死亡属于较大事故，并且已经造成了人员伤亡，应由县级人

民政府负责事故调查。（1.0分）

5.（本小题3.0分）

（1）事故发生单位概况。（0.5分）

（2）事故发生经过和事故救援情况。（0.5分）

（3）事故造成的人员伤亡和直接经济损失。（0.5分）

（4）事故发生的原因和事故的性质。（0.5分）

（5）事故责任的认定以及对事故责任者的处理建议。（0.5分）

（6）事故防范和整改措施。（0.5分）

十、安全检查【2006建筑（二）】

背景资料

某市建筑公司承建的供电公司职工培训楼工程，地下一层，地上十二层，建筑面积24000m2，钢筋混凝土框架结构，计划竣工日期为2006年8月8日。

2006年4月28日，市建委有关管理部门按照《建筑施工安全检查标准》（JGJ 59—99）等有关规定对本项目进行了安全质量大检查。检查人员在询问项目经理有关安全职责履行情况时，项目经理认为他已配备了专职安全员，而且给予其经济奖罚等权力，他已经尽到了安全管理责任，安全搞得好坏那是专职安全员的事；在对专职安全员进行考核时，当问到《安全管理检查评分表》检查项目的保证项目有哪几项时，安全员只说到了“目标管理”、“施工组织设计”两项；检查组人员在质量检查时，还发现第二层某柱下部混凝土表面存在较严重的“蜂窝”现象。

检查结束后检查组进行了讲评，并宣布部分检查结果如下：

（1）该工程《文明施工检查评分表》《“三宝”、“四口”防护检查评分表》《施工机具检查评分表》等分项检查评分表（按百分制）实得分分别为80分、85分和80分（以上分项中的满分在汇总表中分别占20分、10分和5分）。

（2）《起重吊装安全检查评分表》实得分为0分。

（3）汇总表得分值为79分。

问题：

1. 项目经理对自己应负的安全管理责任的认识全面吗？说明理由。

2. 专职安全员关于《安全管理检查评分表》中保证项目的回答还应包括哪几项？

3. 该工程的混凝土表面的“蜂窝”现象应该如何处理？

4. 根据各分项检查评分表的实得分换算成汇总表中相应分项的实得分。

5. 本工程安全生产评价的结果属于哪个等级？说明理由。

答案：

1. （本小题 4.0 分）

不全面；（1.0 分）

理由：项目经理对工程项目的施工安全负有全面的管理责任，其安全管理责任具体还应包括：（0.5 分）

（1）落实项目经理部各级各类人员的安全责任制。（0.5 分）

（2）落实企业的各项安全生产规章制度和操作规程。（0.5 分）

（3）有效使用安全生产费用，做到专款专用。（0.5 分）

（4）制定各类安全措施，消除安全事故隐患。（0.5 分）

（5）事故发生后，及时如实上报事故情况。（0.5 分）

2. （本小题 5.0 分）

（1）安全生产责任制。（1.0 分）

（2）分部（分项）工程安全技术交底。（1.0 分）

（3）安全检查。（1.0 分）

（4）安全教育。（1.0 分）

（5）应急救援。（1.0 分）

3. （本小题 4.0 分）

（1）剔除表面存在较严重“蜂窝”的混凝土。（1.0 分）

（2）用水清冲刷干净，并充分湿润。（1.0 分）

（3）使用高一强度等级的细石混凝土填塞。（1.0 分）

（4）振捣密实并养护。（1.0 分）

4. （本小题 3.0 分）

（1）《文明施工检查评分表》

80×（20÷100）＝16 分。（1.0 分）

（2）《“三宝”“四口”防护检查评分表》

85×（10÷100）＝8.5 分。（1.0 分）

（3）《施工机具检查评分表》

80×（5÷100）＝4 分。（1.0 分）

5. （本小题 4.0 分）

不合格等级；（1.0 分）

理由：具备下列条件之一的安全检查等级为不合格：

（1）任何一个安全项目的安全检查评分表得分为 0 分。（1.0 分）

（2）安全检查汇总表的得分在 70 分以下。（1.0 分）

该工程的《起重吊装安全检查评分表》实得分为 0 分，等级为不合格。（1.0 分）

十一、专项施工方案【2010（三）部分内容】

背景资料

沿海地区某高层办公楼，建筑面积 125000m^2，地下三层，地上二十六层，现浇钢筋混凝土结构，基坑开挖深度 16.30m。建设单位与施工总承包单位签订了施工总承包合同。

合同履行过程中，发生了如下事件。

事件 1：施工总承包单位将地下连续墙工程分包给某具有相应资质的专业公司，未报建设单位审批；依据合同约定将装饰装修工程分别分包给具有相应资质的三家装饰装修公司。上述分包合同均由施工总承包单位与分包单位签订，且均在安全管理协议中约定分包工程安全事故责任全部由分包单位承担。

事件 2：施工总承包单位将深基坑支护设计委托给专业设计单位，专业设计单位根据地质勘察报告选择了地下连续墙加内支撑的支护结构形式。施工总承包单位编制了深基坑开挖专项施工方案，内容包括工程概况、编制依据、施工计划、施工工艺技术、劳动力计划。该方案经专家论证，补充了有关内容后，按程序通过了审批。

事件 3：施工总承包单位为了提醒、警示施工现场人员时刻认识到所处环境的危险性，随时保持清醒和警惕，在现场出入口和基坑边沿设置了明显的安全警示标志。

问题：

1. 指出事件一中的不妥之处，分别说明理由。

2. 除地质勘察报告外，基坑支护结构形式选型依据还有哪些？

3. 本工程深基坑开挖专项施工方案补充了哪些主要内容？

4. 事件三中，施工现场还应在哪些位置设置安全警示标志（至少列出五项）？

答案：

1.（本小题 4.0 分）

（1）“施工总承包单位将地下连续墙工程分包给某具有相应资质的专业公司，未报建设单位审批”不妥；（1.0 分）

理由：根据相关规定：工程分包应依据合同的约定进行；合同中未约定

的，应经建设单位同意后，方可进行分包。（1.0分）

（2）“安全协议中约定分包工程安全事故责任全部由分包单位承担”不妥（1.0分）

理由：根据相关规定：施工总承包单位应对施工现场的安全负总责，并与分包单位就分包工程的安全承担连带责任。（1.0分）

2.（本小题2.0分）

除地质勘测报告外，基坑支护结构形式选型依据有土质情况、地下水位、基坑深度、周边环境等资料。（2.0分）

3.（本小题2.0分）

专项施工方案补充的内容有：施工安全保证措施，包括组织保障、技术措施、应急预案、监测监控等；计算书及相关图纸。（2.0分）

4.（本小题5.0分）

《安全条例》第二十八条　施工单位应当在施工现场入口处、施工起重机械、临时用电设施、脚手架、出入通道口、楼梯口、电梯井口、孔洞口、桥梁口、隧道口、基坑边沿、爆破物及有害危险气体和液体存放处等危险部位，设置明显的安全警示标志。

十二、安全隐患【2011（一）部分内容】

背景资料

某公共建筑工程，建筑面积22000m^2，地下二层，地上五层，层高3.2m，钢筋混凝土框架结构。大堂一至三层中空，大堂顶板为钢筋混凝土井字梁结构。屋面设有女儿墙，屋面防水材料采用SBS卷材，某施工总承包单位承担施工任务。

合同履行过程中，发生了下列事件。

事件1：施工总承包单位根据《危险性较大的分部分项工程安全管理办法》，会同建设单位、监理单位、勘察设计单位相关人员，聘请了外单位五位专家及本单位总工程师共计六人组成专家组，对《土方及基坑支护工程施工方案》进行论证。专家组提出了口头论证意见后离开，论证会结束。

事件2：施工总承包单位根据《建筑施工模板安全技术规范》，编制了《大堂顶板模板工程施工方案》，并绘制了模板及支架示意图，如附图6所示。监理工程师审查后要求重新绘制。

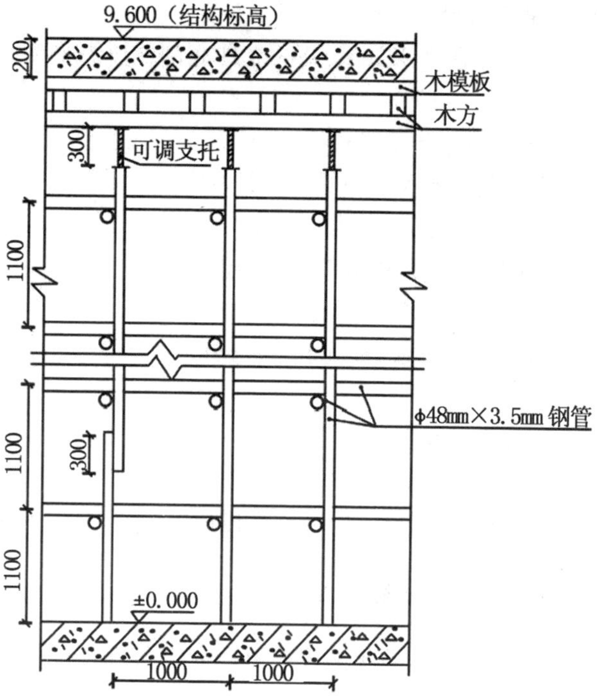

附图 6

问题：

1. 指出事件 1 中的不妥之处，并分别说明理由。

2. 指出事件 2 中《模板及支架示意图》的不妥之处，分别写出正确做法。

答案：

1.（本小题 4.0 分）

（1）“聘请了外单位五位专家及本单位总工共计六人组成专家组”不妥；（1.0 分）

理由：本项目参建各方的人员不得以专家身份参加专家论证会。（1.0 分）

（2）“专家组提出了口头论证意见后离开”不妥；（1.0 分）

理由：专项方案经论证后，专家组应当提交论证报告，对论证的内容提出明确的意见，并在论证报告上签字。（1.0 分）

2.（本小题 7.0 分）

（1）“立柱底部没有设置垫木和底座”不妥；（0.5 分）

正确做法：立柱底部应设置垫木和底座。（0.5 分）

(2)“立柱底部没有设置纵横扫地杆”不妥； (0.5分)

正确做法：在距离地面200mm高的立柱底部，按纵上横下设置纵横扫地杆。 (0.5分)

(3)“没有设置剪刀撑”不妥； (0.5分)

正确做法：应设置竖向和水平的连续剪刀撑。 (0.5分)

(4)“立柱的接长采用搭接方式”不妥； (0.5分)

正确做法：立柱的接长采用对接扣件的连接。 (0.5分)

(5)“48mm×3.5mm钢管”不妥； (0.5分)

正确做法：钢管直径应为48.3mm×3.6mm (0.5分)

(6)“顶部未设水平杆”不妥； (0.5分)

正确做法：顶部应设水平杆。 (0.5分)

(7)“顶部可调支托300mm”不妥； (0.5分)

正确做法：顶部可调支托应200mm范围内。 (0.5分)

十三、招标投标【自编】

某政府投资建设的大型市政工程，招标人以公开招标方式自行组织招标，共有15家投标申请人报名。招标过程中发生了如下事件。

事件1：共有12家投标申请人通过资格预审，招标人对该12家投标申请人进行了公示，并以电话形式通知其资格预审合格。

事件2：招标文件发售前，招标人组织了现场勘察；在现场勘察过程中，某投标申请人对招标文件中的地质情况提出质疑；招标人于投标截止时间前10天，向该投标申请人进行了答疑。

事件3：评标委员会按招标文件中规定的经评审的最低投标价法进行了评标，其中A投标人的报价最低，但评标委员会认为该报价低于其成本。评标委员会经评审后，推荐第一、二、三名中标候选人依次为B、C、D投标人。招标人认为B投标人资信情况较差，拟与C投标人签订合同。

事件4：在投标有效期截止时间前20天，招标人确定了中标人，并同时向中标人发出了中标通知书，但中标人以该项目利润太低为由拒绝与招标人签订合同。

问题1. 指出招标人在招标过程中做法的不妥之处？说明原因。

2. 事件3中评标委员会应如何认定A的报价低于其成本？

3. 事件4中中标人拒绝与招标人签订合同时，应对中标人如何处理？

答案：

1.（本小题14.0分）

（1）事件 1 中：

“招标人对该 12 家投标申请人进行了公示”不妥；（1.0 分）

因为招标人不得透露潜在投标人的名称和数量。（1.0 分）

“并以电话形式通知其资格预审合格”不妥；（1.0 分）

因为招标人应以书面形式通知所有参加资格预审的投标申请人。（1.0 分）

（2）事件 2 中：

“招标文件发售前，招标人组织了现场勘察”不妥；（1.0 分）

因为招标文件发售后，招标人方可组织现场勘察。（1.0 分）

“招标人于投标截止时间前 10 天，向该投标申请人进行了答疑”不妥；（1.0 分）

因为招标人应于投标截止时间 15 天前，将书面答疑发给所有购买招标文件的投标申请人。（1.0 分）

（3）事件 3 中：

“招标人认为 B 投标人资信情况较差，拟与 C 投标人签订合同”不妥；（1.0 分）

因为招标人应与排名第一的中标候选人签订合同。（1.0 分）

（4）事件 4 中：

“在投标有效期截止时间前 20 天，招标人确定了中标人”不妥；（1.0 分）

因为应当在投标有效期截止时间 30 个工作日前，确定中标人。（1.0 分）

“并同时向中标人发出了中标通知书”不妥；（1.0 分）

因为招标人应当在确定中标人后的 15 日内向有关行政主管部门提交书面报告，有关行政主管部门接到报告后 5 日内未提出异议的，招标人方可发出中标通知书。（1.0 分）

2.（本小题 3.0 分）

认为 A 的报价可能低于其成本时，应当要求 A 作出书面说明并提供证明资料；（1.0 分）

如 A 不能作出合理的书面说明或不能提供证明资料；（1.0 分）

评标委员会可以认定 A 的报价低于其成本，作为无效标处理。（1.0 分）

3.（本小题 3.0 分）

（1）没收其投标保证金。（1.0 分）

（2）造成的损失超过投标保证金的，要求其赔偿超过部分。（1.0 分）

（3）上报有关行政主管部门，请求对该投标人进行行政处罚。（1.0分）

十四、示范文本【自编】

监理单位承担了某工程的施工阶段监理任务，该工程由甲施工单位总承包。甲施工单位经建设单位同意并经监理单位进行资质审查合格的乙施工单位作为分包单位。

施工过程中发生了以下事件。

事件1：专监在熟悉图纸时发现，基础工程部分设计内容不符合国家有关工程质量标准和规范。总监随即致函设计单位要求改正并提出更改建议方案。设计单位研究后，口头同意了总监的更改方案，总监随即将更改的内容写成监理指令通知甲施工单位执行。

事件2：施工过程中，专监发现乙施工单位施工的分包工程部分存在质量隐患，为此，总监同时向甲、乙两个施工单位发出了整改通知。甲施工单位回函称：乙施工单位施工的工程是经建设单位同意进行分包的，所以本单位不承担该部分工程的质量责任。

事件3：专监在巡视时发现，甲施工单位在施工过程中使用未经报验的建筑材料，若继续施工，该部位将被隐蔽。因此，立即向甲施工单位下达了暂停施工的指令（因甲施工单位的工作对乙施工单位有影响，乙施工单位也被迫停工）。同时，指示甲施工单位将该材料进行检验，并报告了总监。总监对工序停工予以确认，并在合同约定的时间内报告了建设单位。检验报告出来后，证实材料合格，可以使用，总监随即指令施工单位复工。

事件4：乙施工单位就上述停工自身遭受的损失向甲施工单位提出补偿要求，而甲施工单位称此次停工是执行监理指令，乙施工单位应向建设单位提出索赔。

事件5：总监理工程师根据现场反馈的信息及质量记录分析，对某部位隐蔽工程的质量有怀疑，随即指令甲施工单位暂停施工，要求剥离检验。甲施工单位称：该部位隐蔽工程已经专业监理工程师验收，若剥离检验，监理单位需赔偿由此造成的损失并相应延长工期。

问题

1. 事件1中，请指出总监上述行为的不妥之处，并说明理由。

2. 事件2中，甲施工单位的答复是否妥当？为什么？总监签发的整改通知是否妥当？为什么？

3. 事件3中，专监是否有权签发本次暂停令？为什么？

4. 事件4中，甲施工单位的说法是否正确？为什么？乙施工单位的损失应由谁承担？

5. 事件 5 中，总监的作法是否正确？为什么？试分析剥离检验的可能结果及责任承担。

答案：

1. （本小题 4.0 分）

（1）“总监随即致函设计单位要求改正并提出更改建议方案”不妥，因总监应报告建设单位，由建设单位要求设计单位改正，并编制设计变更文件。（2.0 分）

（2）“总监随即将更改的内容写成监理指令通知甲施工单位执行”不妥，因总监应在接到设计变更文件时，才能签发《工程变更单》，指令通知甲施工单位执行。（2.0 分）

2. （本小题 6.0 分）

（1）甲施工单位的答复不妥，因甲施工单位是总包单位，工程分包不解除总包单位的任何合同责任和义务；总包单位与分包单位就分包工程的质量承担连带责任。（3.0 分）

（2）总监签发的整改通知不妥，因乙施工单位是分包单位，与建设单位没有合同关系；总监只能向甲施工单位签发，要求甲施工单位指令乙施工单位整改。（3.0 分）

3. （本小题 2.0 分）

专监是无权签发暂停令，因在任何情况下都只能由总监签发工程暂停令。（2.0 分）

4. （本小题 4.0 分）

（1）甲施工单位的说法不正确，因乙施工单位是分包单位，与建设单位没有合同关系，而与甲施工单位是总分包的合同关系，只能向甲施工单位提出补偿要求。（2.0 分）

（2）乙施工单位的损失应由甲施工单位承担，因建筑材料未经报验是甲施工单位责任事件。（2.0 分）

5. （本小题 4.0 分）

（1）总监的作法不正确；（1.0 分）

因指令甲施工单位暂停施工前，应征得建设单位同意。（1.0 分）

（2）结果及责任承担

1）结果：合格与不合格；（1.0 分）

2）如检验合格，建设单位承担全部费用，工期相应顺延；如检验不合格，施工单位承担全部费用，工期不予顺延。（1.0 分）

十五、综合题型【2009（四）】

某政府机关在城市繁华地段建一幢办公楼。在施工招标文件的附件中要求投标人具有垫资能力，并写明：投标人承诺垫资每增加500万元的，评标增加1分。某施工总承包单位中标后，因设计发生重大变化，需要重新办理审批手续。为了不影响按期开工，建设单位要求施工总承包单位按照设计单位修改后的草图先行开工。

施工中发生了以下事件。

事件1：施工总承包单位的项目经理在开工后又担任了另一个工程的项目经理，于是项目经理委托执行经理代替其负责本工程的日常管理工作，建设单位为此提出异议。

事件2：施工总承包单位以包工包料的形式将全部结构工程分包给劳务公司。

事件3：在底板结构混凝土浇筑过程中，为了不影响工期，施工总承包单位在连夜施工的同时，向当地行政主管部门报送了夜间施工许可申请，并对附近居民进行公告。

事件4：为便于底板混凝土浇筑施工，基坑周围未设临边防护；由于现场架设灯具照明不够，工人从配电箱中接出220V电源，使用行灯照明进行施工。

为了分解垫资压力，施工总承包单位与劳务公司的分包合同中写明：建设单位向总承包单位支付工程款后，总承包单位才向分包单位付款，分包单位不得以此要求总承包单位承担逾期付款的违约责任。

为了强化分包单位的质量安全责任，总、分包双方还在补充协议中约定，分包单位出现质量安全问题，总承包单位不承担任何法律责任，全部由分包单位自己承担。

问题：

1. 建设单位招标文件是否妥当？说明理由。
2. 施工总承包单位开工是否妥当？说明理由。
3. 事件1至事件3中施工总承包单位的做法是否妥当？说明理由。
4. 指出事件4中的错误，并写出正确做法。
5. 分包合同条款能否规避施工总承包单位的付款责任？说明理由。
6. 补充协议的约定是否合法？说明理由。

答案：

1. （本小题3.0分）

不妥当； (1.0分)

理由：根据相关规定：招标人不得要求投标人垫资，并不能把承诺垫资作为加分的条件，这是以不合理的条件限制或排斥投标人。 (2.0分)

2.（本小题4.0分）

不妥当； (1.0分)

理由：根据相关规定：施工图设计文件未经审查批准不得使用，建设行政主管部门不得颁发施工许可证；未取得施工许可证，施工单位不得开工。 (3.0分)

3.（本小题9.0分）

(1) 事件1中，施工总承包单位的做法不妥； (1.0分)

理由：根据相关规定：一个项目经理不应担任两个项目的项目经理。 (2.0分)

(2) 事件2中，施工总承包单位的做法不妥； (1.0分)

理由：根据相关规定：以包工包料的形式将全部结构工程分包给劳务公司，这属于违法分包行为。 (2.0分)

(3) 事件3中，施工总承包单位的做法不妥； (1.0分)

理由：根据相关规定：在城市市区范围内从事建筑工程施工，施工总承包单位应在取得夜间施工许可证，并对附近居民进行公告后，方可进行夜间施工。 (2.0分)

4.（本小题6.0分）

(1)"底板混凝土浇筑施工时，基坑四周未设临边防护"错误； (1.0分)

正确做法：底板混凝土浇筑施工时，基坑四周必须进行临边防护，包括设置防护栏杆、挡脚板、安全网和警示标志。 (2.0分)

(2)"工人从配电箱中接出220V电源，使用行灯照明进行施工"错误 (1.0分)

正确做法：使用行灯照明时，电压不得超过36V。 (2.0分)

5.（本小题4.0分）

分包合同条款不能规避施工总承包单位的付款责任； (1.0分)

理由：根据相关规定：合同法律关系是独立的，施工总承包合同和劳务分包合同是两个独立的合同；建设单位依据施工总承包合同支付工程款；总承包单位依据劳务分包合同支付分包工程款，总承包单位不能以建设单位未付工程款为由拒付分包单位的工程款。 (3.0分)

6.（本小题4.0分）

补充协议的约定不合法； (1.0分)

理由：根据相关规定：总承包单位依法将部分工程分包的，不解除总承包单位的任何合同责任和义务；总承包单位应当对全部建设工程质量负责，总承包单位与分包单位对分部工程的质量承担连带责任；由总承包单位对施工现场的安全总负责，总承包单位与分包单位对分包工程的安全生产承担连带责任。（3.0分）